大学堂顶尖学者丛书

[英] 佩里·安德森 著

章永乐 魏磊杰 主编

Concert of Powers and its Rebels:
Perry Anderson's Speeches in China

Perry Anderson

大国协调及其反抗者
佩里·安德森访华讲演录

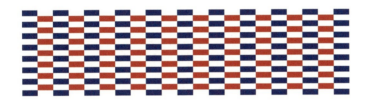

北京大学出版社
PEKING UNIVERSITY PRESS

图书在版编目(CIP)数据

大国协调及其反抗者：佩里·安德森访华讲演录/(英)佩里·安德森著；章永乐，魏磊杰主编. —北京：北京大学出版社，2018.4
ISBN 978-7-301-29250-1

Ⅰ.①大… Ⅱ.①佩… ②章… ③魏… Ⅲ.①国际关系—研究 Ⅳ.①D81

中国版本图书馆CIP数据核字（2018）第034127号

书　　　名	大国协调及其反抗者——佩里·安德森访华讲演录 DAGUO XIETIAO JI QI FANKANGZHE
著作责任者	[英]佩里·安德森 著　章永乐　魏磊杰 主编
责任编辑	陈　甜
标准书号	ISBN 978-7-301-29250-1
出版发行	北京大学出版社
地　　　址	北京市海淀区成府路205号　100871
网　　　址	http://www.pup.cn　新浪微博：@北京大学出版社
电子信箱	sofabook@163.com
电　　　话	邮购部 62752015　发行部 62750672　编辑部 62765217
印刷者	北京中科印刷有限公司
经销者	新华书店
	880毫米×1230毫米　A5　6.75印张　125千字 2018年4月第1版　2018年4月第1次印刷
定　　　价	45.00元

未经许可，不得以任何方式复制或抄袭本书之部分或全部内容。
版权所有，侵权必究
举报电话：010-62752024　电子信箱：fd@pup.pku.edu.cn
图书如有印装质量问题，请与出版部联系，电话：010-62756370

"大学堂顶尖学者丛书"总序

"大学者,囊括大典,网罗众家之学府也"。北京大学素有广延名师、博采众长的优良传统,其中不乏具有国际一流水准的学术大师。在北大发展的不同历史阶段,许多卓有影响的学术和思想名家,包括杜威、罗素、杜里舒、泰戈尔、詹明信、德里达等,借助北大的讲台传递他们的思想,也获益于与北大学人的对话,留下许多中外学术交流的佳话。

知识改变世界,人才创造未来。进入新世纪以来,学术研究的国际化趋势日益明显,交流变得空前活跃。伴随北大建设世界一流大学步伐的加快,北大师生与世界前沿学术展开对话的愿望日益迫切。

正是在这一背景下,北京大学充分利用自身的学术影响和资源,积极搭建国际化的学术平台,举办各种类型的讲座或论坛,建设国际学术交流的重要基地,使人才的引进与汇聚,成为北京大学创建世界一流大学的助推器。而设立于2012年的"大学堂"顶尖学者讲学计划(Peking University Global Fellowship,以下简称"大学堂"计划),就居于北大多层次引智体系的顶端。北大设立这一项目的初衷,旨在吸引和汇聚一批世界顶尖学者,提升北大引进国外智力的层次,从根本上增强北大创建世界一流大学的综合竞争力。项目发展至今,已经邀请到超过40位成就卓著、具有世界声誉的杰出学者,为他们提供在北京大学发表其前沿学术成果、并与北大师生深度交流的机会。受"大学堂"计划之邀来访的学者中,既有自然科学领域的诺贝尔奖、菲尔茨奖、图灵奖获得者,也有人文科学、社会科学领域的重要思想家和代表性学者,体现了北大一如既往地兼容并包的精神,也反映了北大在全球人才竞争中的地位与水平。他们的到访,所带来的不仅是知识的教导,更有教学方式和教育理念的更新,为整体教学氛围注入新元素与新活力,开阔了学生的国际视野,促进了学校教学和科研水平的提高。

当今世界,人才全球化趋势不可逆转,国际高等教育对于高水平人才的竞争空前激烈。在此意义上,"大学堂"计划汇聚全球的学术名家与大师于北大,对于加快推进北大的世界一流大学和一流学科建设,具有重要意义。北京大学将继续推动"大学堂"计划的深入发展,努力营造人才辈出、人才集聚、人尽其才的良好环境。

现在,经由北大国际合作部与北大出版社的策划与推动,学者们的讲学成果将在"大学堂顶尖学者丛书"的框架下,陆续整理、结集出版。放眼世界,高端讲座项目与优质出版资源的携手,使学者的思想得以行之久远,惠及大众,这是一流大学之通例。值此北京大学即将迎来建校120周年校庆之际,我们推出这样一套丛书,希望能够记录下北大迈向世界一流学府过程中的坚实脚印,也留下一批经典作品,树立起一流学术的标杆。

北京大学党委书记　郝平
北京大学校长　林建华

佩里·安德森（Perry Anderson）

目 录

导　言（章永乐　魏磊杰）/ i

19 世纪的大国协调 / 001

21 世纪的大国协调 / 025

民族主义的他者 / 048

国际法：它是国际的吗？它是法吗？ / 076

圆桌讨论实录：霸权、国际秩序与民粹主义 / 102

佩里·安德森访谈：
　　思想生涯、资本主义秩序与世界的未来 / 139

出版后记 / 193

导　言

章永乐　魏磊杰

这是一本很薄的书，收录了佩里·安德森教授2016年在北京大学发表的公开演讲的讲稿、在清华大学举行的圆桌讨论的文字记录以及《上海书评》对他的专访。这也是一本极具思想厚度的书，凝聚了安德森教授对于当代世界自上而下的统治政治与自下而上的反抗政治的诸多基本观察和分析。我们相信，它对于重构当下中国的"内外观"而言，尤其具有重要的启发意义。

佩里·安德森，历史学家、马克思主义理论家与政论家，被特里·伊格尔顿（Terry Eagleton）誉为"英国最杰出的马克思主义知识分子"。自从1962年起长期主持《新左评论》（*New Left Review*）的编辑工作，并参与创办"左页"（Verso）书局，批判英国例外主义，推动欧陆马克思主义理论的译介，显著提升了英国左翼知识界的理论水平及其在公共领域中的影响力。安德森迄今共出版了14本英文专著，在历史学、政治学、社会学、文学等多个领域具有深远的理论影响力，其中1974年出版的《绝对主义国家的系谱》是广受赞誉的历史社会学经典之作。他的著作翻译成中文的有《绝对主义国家的系谱》《从古代到封建主义的过渡》《西方马克思主义探讨》《当代西方马克思主义》《交锋地带》《后现代性的起源》《思想的谱系：西方思潮左与右》《美国外交政策及其智囊》《新的旧世界》，其他作品（如《印度意识形态》）正在陆续翻译之中。

佩里·安德森的家族与中国有不解之缘。他的父亲詹姆士·安德森（James Carew O'Gorman Anderson）从剑桥大学退学之后，于1914年来到中国，成为中国海关的一名职员，一直干到1941年离开中国为止，他曾在北京、上海、重庆、延吉、汕头、南宁、海口、昆明等十几个中国城市的海关任职。佩里·安德森在中国孕育，在伦敦出生，而他的兄长、闻名遐迩的民族主义研究大师本尼迪克特·安德森（1936—2015）是在中国昆明出生的。佩里·安德森幼时曾随父母在上海居住，后就读英国伊顿公学，1956年进入牛津大学伍斯特学院。20世纪80年代曾任教于美国纽约的社会研究新学院（New School for Social Research）。目前为美国加州大学洛杉矶分校历史学和社会学讲座教授。

从20世纪90年代后期以来，佩里·安德森多次访问中国，在进行学术交流的同时，访问其父亲曾任职的各个城市，一方面是回顾安德森家族的历史，另一方面是观察和研究当代中国。安德森对中国的思考与书写，是镶嵌在他对全球秩序走向的理论探索之中的一个环节,一方面是理解中国在当代资本主义支配体系中的位置,另一方面探寻中国能够为突破这一支配体系贡献的新的可能性。

安德森对于国际体系的研究兴趣由来已久,其1974年的成名作《从古代到封建主义的过渡》以及《绝对主义国家的系谱》即将国际体系和地缘政治作为解释社会形态演变的重要变量。尽管在接下来的三十多年里,他并没有出版专门论述国际体系的专著,但他的思想史研究中一直隐含着国际体系的视角。新世纪以来,伴随着国际体系发生一系列变化,其中也包括了中国的崛起,安德森开始系统地论述国际体系,以及当代各国在国际体系中的位置,其问题意识在于探究这次国际体系的演变,是否能像一百年前的历史转折一样,产生出新的社会可能性。

收入本书的一系列演讲和讨论,基本上是围绕着国际体系中的统治机制(包括霸权)以及反抗运动而展开的,涉及了霸权的观念、大国协调机制、国际主义、国际法、对新自由主义的民粹主义反抗等一系列主题,当然也涉及安德森个人的学术生涯。以下略作概括,以助读者理解。

第一篇《19世纪的大国协调》,是2016年10月18日晚在北京大学二体地下报告厅发表的首场演讲。在其中,安德森系统探讨了1815年形成的维也纳体系的特征、演变和内在缺陷。安德森指出,维也纳体系的基础是王朝国家为了防止出现法国大革命那样的共和革命而设计的协调机制,英国、俄国、普鲁士、奥地利与法国"五强共治"(Pentarchy),使得欧洲在差不多一百年的时间里,避免了大规模的战争。但这一协调机制未能将奥斯曼帝国纳入,从而留下了很大一道鸿沟;而德国的统一和崛起,打破了原有的力量平衡,使得原有的协调机制难以为继,维也纳体系边缘地带的暴力通过上述鸿沟传递到核心地带,最终爆发第一次世界大战。

第二篇《21世纪的大国协调》,是2016年10月20日晚在北京大学二体地下报告厅发表的第二场演讲。安德森以19世纪的维也纳体系为原型,探讨新世纪美国、中国、俄罗斯、欧盟与印度"五强共治"的可能性。新"五强共治"的基础是世界经济的稳定性,以及对全球气候变化的应对。然而,以美国为首的西方在冷战后羞辱而非重新包容俄罗斯,以及美国从未放弃在中国推动政体改变,使得这一协调体系存在巨大的内在缺陷。安德森直接从19世纪跳到21世纪,并不是不重视20世纪。20世纪发生过大规模的超越资本主义的革命,但在这种探索遭遇重大挫折之后,19世纪的遗产强势回归,这一背景也使得21世纪与19世纪之间的类比成为可能。完美的大国协调,意味着完美的资本秩序,然而这是值得追求的吗?安德森在演讲的最后提到考茨基的"超帝国主义"(ultra-imperialism),即透露出其批判的锋芒。

如果说前两篇演讲主要是讨论自上而下的统治秩序,安德森于 2016 年 10 月 21 日下午在北京大学二体地下报告厅发表的第三篇演讲《民族主义的他者》则更多地涉及自下而上的反抗。安德森将"国际主义"界定为意在超越民族,建成一个继续以民族作为基本单元的更大的共同体所做的任何思考与实践,设置了五个参数,对国际主义的演进历史进行分期,并阐明各个时期的基本特征。值得我们注意的一点是,在第二次世界大战结束之前,资本的力量曾经长期借助民族主义来建立统治,而反抗的劳动的力量,往往采取国际联合的方式。在冷战的秩序下,资本主义阵营内部加强经济整合,民族主义力量遭到削弱,美国这一霸权发展出自身形式的国际主义,但社会主义阵营的国际主义却经历了一个衰变的过程。在本书所收《圆桌讨论实录:霸权、国际秩序与民粹主义》,安德森敦促学院里的师生"学习、回顾、思考和传播国际主义的优良传统",其背景即是压迫性力量日益联合、反抗性力量各自为战的现实。

第四篇演讲《国际法:它是国际的吗?它是法吗?》于 2016 年 10 月 25 日晚在北京大学法学院凯原楼报告厅发表。在演讲中,安德森回溯了国际法作为一门学科或者一个概念的起源,进而对国际法的本质进行剖析。安德森认为国际法在实践中从来都是霸权自利的工具,并不是真正国际的;而从霍布斯—奥斯汀的"法律命令说"传统出发,安德森认为国际法也不是真正的法,它在根本上是一种意见(opinion)——说国际法是一种意见,并不等于说它不重要，因为所有的霸权（hegemony）都需要自愿的服从，因此营造一种使人自愿顺从的意见就甚为重要。这一对国际法的探讨，是安德森对霸权观念探讨的继续。

第五篇是安德森 2016 年 10 月 26 日在清华大学的交流会上与汪晖、黄平、崔之元、章永乐、刘晗等学者圆桌讨论的文字记录。安德森以自己的两本书《新的旧世界》(*The New Old World*)与《美国外交政策及其智囊》(*American Foreign Policy and Its Thinkers*）为中心，展开了他对当下世界形势的看法，特别探讨了欧美发达国家正在兴起的民粹主义运动，深入分析其本质。而其他学者的评论和问题，也围绕着当代世界统治结构的危机和反抗政治的局限性而展开。安德森的基本观点是，虽然当下欧美的统治结构已经出现了严重的危机，然而优势仍然在新自由主义一边，左右两翼民粹主义式的反抗仍没有为突破既有的新自由主义体系提供可行的选项。

第六篇是《上海书评》编辑丁雄飞先生于 2016 年 11 月初对安德森所做的长篇访谈（最后两个问题系 2017 年书面补充采访），首发于《东方早报·上海书评》。访谈分成三个部分，在第一部分，安德森教授谈到了风格与形式、一般的方法与特殊的方法、霸权国与霸权体系、封建主义与绝对主义、儒家与法家；在第二部分，安德森教授谈了他对新自由主义、乌托邦主义、民粹主义的看法；在第三部分，安德森教授谈了当下全球的智识状况、英国脱欧的原因、特朗普与美国霸权的关系、法国大选的后果。在这一访谈中，安德森教授回到了他在演讲和圆桌讨论中所提到的诸多观点，并从不同的角度进行了阐发。读者如果关心他对自己学术生涯和学术风格的总结，这篇文章将能够提供一些独特的信息。

对于中国读者而言，这本书的出版可谓恰逢其时。一百年前的1917年，维也纳体系业已崩溃，俄国爆发"十月革命"，一个新的国际体系正在酝酿之中。而在今天，冷战之后以美国为单极霸权的体系已经出现松动，唐纳德·特朗普领导的美国新政府退出了《跨太平洋伙伴关系协定》（TPP）与《巴黎协定》，尽力减少美国所承担的国际义务。中国在国际体系中的地位，正在获得大幅提升，在许多方面不再仅仅是既有规则的遵循者，而是越来越多参与到规则的制定过程中去。

但是，正在形成的新国际体系，以及中国在其中的地位，仍然是高度不确定的。这不仅是因为美国对中国的态度仍然存在高度的不确定性，更是因为中国的自我认同仍然存在诸多不确定性。中国的目标，究竟是在一个新自由主义的国际体系中加入统治建制，享受权力，承担责任；还是致力于修改既有的国际规则，打造一个更为平等的国际体系？对于安德森而言，中国的走向还需要进一步观察，但终究不过是他的全球观察的一个案例。而对于我们这些中国社会内部的行动者而言，中国的国际抱负和选择关系到我们未来的日常生活状态，关系到我们的衣、食、住、行、养小、送老等方方面面。一个满足于新自由主义国际体系的国家，在国内治理中也很难会有意愿推进超越新自由主义的制度和政策创新，为克服新自由主义带来的危机做出真正的贡献。中国当然有可能通过"走别人的路"的方式获得更大的国际影响力，但同时也会继承这个体系本身的结构性危机。

中国究竟以什么样的世界观来塑造世界，与其依循什么样的中国观来塑造中国，二者绝不可能割裂开来。世界观在很大程度上是中国观的自然延伸与同心放大，二者内外同构，终究都是要回应生活方式的选择问题。20世纪中国革命为我们提供了一个内外关联互动的范例。这场革命既是一场民族解放革命，同时也是一场具有强烈国际主义抱负的革命，今天留在天安门城楼上的"中华人民共和国万岁"与"世界人民大团结万岁"生动地展现了它的两个方面。而将两个方面整合在一起的，是对剥削与压迫的反抗，以及对一种更为平等与自由的生活方式的追求。中国在这场革命之中建立的诸多关系，如与亚非拉国家及人民的密切联系，在今日中国的经济贸易中起到了非常重要的支持作用；中国作为发达国家经济竞争者的角色，对于相关地区的民众来说，也起到了很大的正面作用。然而，更大的期待是，在生活方式上，中国终究能够为这个世界贡献何种新的可能性？中国究竟要充当现状的消极的维持者，还是积极的改革者？

在这一系列演讲、讨论和访谈中,佩里·安德森很少直接讨论中国,但对于其他国家的诸多探讨,隐含了他对中国的认识和看法。作为编者,我们未必赞同他对中国的所有判断,但他对中国所处的国际秩序的冷静分析,以及对中国贡献的期待,值得我们反复玩味,并做出认真的回应。

最后,我们也利用这个机会,感谢对本书的成型做出贡献的机构与个人:北京大学"大讲堂"顶尖学者讲学计划,特别是项目组织者韩笑先生以及国际合作部秦晓文女士,为安德森在北京大学的讲学提供了项目支持和基础后勤服务;汪晖教授及其主持的清华大学人文与社会科学高等研究所,为安德森在清华大学的演讲和交流准备了相关条件。汪晖、潘维、崔之元、安东尼·卡蒂(Anthony Carty)、易平、陈一峰这六位学者在安德森的北大演讲中担任了评议人;安德森先生在清华的座谈会,则由汪晖教授主持,黄平、崔之元、章永乐、刘晗担任了评议人。徐亮迪、孙一先、张瀚天、吴双四位同学为四场讲演起草了新闻稿,本书在收入安德森演讲文本的同时,也收入了四位同学对于安德森与评议人之间讨论的总结整理。孔元、吴双、叶开儒、张瀚天等参与了相关接待工作。

具体到本书文稿的整理和翻译,《19世纪的大国协调》由赵寰宇同学翻译,魏磊杰校对;《21世纪的大国协调》由张瀚天同学翻译,章永乐校对;《民族主义的他者》由魏磊杰翻译并校对;

最后一篇《国际法：它是国际的吗？它是法吗?》由吴双同学翻译，魏磊杰校对。安德森教授在清华大学的圆桌讨论会文稿则由多人整理而成，他们是殷之光、刘晗、孙璐璐、孔元、吴双、杨博文，两位编者做最后校对。安德森访谈则由丁雄飞先生整理编辑，在此我们感谢《东方早报·上海书评》与丁先生的授权。当然，本书翻译与编辑工作的一切错漏之处，概由两位编者负责。

19世纪的大国协调

赵寰宇 译　魏磊杰 校*

今天来到北京大学，我感到非常高兴和荣幸。我的演讲主题将是现代历史上第一个有组织的国家间体系（inter-state system）的特点和命运，这将有可能为我们提供某些基准，以反思在21世纪我们所面临的新兴的国际体系。我所描述的时代将从1815年拿破仑在欧洲的失败开始，直到一个世纪后第一次世界大战爆发而结束。这一时期几乎全世界政府的统治原则都是君主制，其形式有所差别——不仅在欧洲，在中国当然也是如此。在此，请允许我说点个人的事，家父年轻时代曾在中国海关总税务司工作，他是"辫子军"统帅张勋试图复辟清朝的见证者，当时子弹曾经穿过他在北京市中心的办公室。

当结成联盟的君主们最终击败拿破仑，进而聚首维也纳意图解决滑铁卢战役后的欧陆事务之际，彼时的欧洲又出现了怎样的政治秩序？他们所设计的体系后来被称之为"大国协调"（Concert

---

*赵寰宇，比利时根特大学政治与社会科学学院博士研究生。

of Powers）——这种协调支配着整个欧洲的国际关系，直到四十年后的克里米亚战争，而其余温则至少维持至1884年的柏林会议。在此，请允许我指出这个体系所具有的几个主要特点。这项在维也纳达成的和平协议旨在避免任何可能的倒退，缔约的君主国们不想让自1789年法国大革命以来自身所遭受的苦难再次上演。这种大国协调乃是共同政治阵线的一种制度化产物，意在防范两种危险：一方面，在欧洲发生进一步革命性动乱的任何风险——这种动乱曾对它们产生严重的威胁；另一方面，它们之间发生的任何可能促发此类动乱的战争之风险。

这种协调由当时的五大君主国组成——俄国、奥地利、普鲁士、英国和法国——当时亦常被称为"五强共治"。促使它们彼此团结一致的乃是对于任何共和政治秩序理念的绝对敌视。维也纳协议旨在扑灭此类理念，即便它已经不再对"五强共治"构成任何威胁。同时，该协议还废除了延续数个世纪的城邦共和国威尼斯和热那亚，并确保波兰继续被俄国、奥地利和普鲁士三国所瓜分。新时代的意识形态口号是"正统主义"（legitimism），所有现代的"合法性"概念都源自于此。正统性——即统治的资格——专属18世纪及更早时代旧政权的世袭王朝，它们是唯一与排他的王族。欧洲复辟的目的就在于防范革命以及能够引爆革命的战争之危险，在主要大国之间建立一种定期会议制度，来维护欧洲大陆的和平。这些会议的目的意在解决它们之间可能出现的任何外交分歧,并确保既定秩序不会遭到任何受法国大革命理念启发的民众冲击之风险——在必要时则通过武力干预的方式来抑制任何旨在颠覆现政权的企图。

当这类动乱于1820年首次在意大利南部爆发时,俄国、奥地利和普鲁士这三个中东欧的君主专制国家,在大国协调的框架内组成了一个神圣同盟,它们宣称:"由于革命而遭逢政府更迭的国家,若其后果威胁到其他国家,事实上便自动丧失欧洲同盟的成员资格,而倘若基于此种改变,对其他国家产生直接威胁,则诸大国有义务采用和平手段或必要时通过武力,将负罪国重新拉回到神圣同盟的阵营之中。"奥地利军队迅速前往那不勒斯,恢复了此地的君主制。第二年,希腊爆发了旨在反抗奥斯曼帝国压迫的起义。奥斯曼帝国并非维也纳体系的组成部分,且是俄国的传统敌人;而希腊起义军也呼吁俄国沙皇亚历山大一世提供帮助。在这种情形下,俄国具有一切宗教层面和领土层面的理由来协助希腊人,然而亚历山大一世却拒绝了。他说:"毫无疑问,似乎没有什么比同土耳其进行一场宗教战争……更能符合我的利益了。但是,从伯罗奔尼撒半岛的突发状况中我看到了革命的迹象——所以我拒绝了。"

正如英国外交大臣卡斯尔雷告诉他的那样,希腊起义乃是"有组织的反叛精神的一个分支,而这种精神正在整个欧洲系统性地蔓延开来"。奥地利首相梅特涅声称,最好让希腊起义"在文明的边界之外自行燃尽"。在这种情形下,土耳其以最野蛮的暴力镇压了起义。在两年之后的1823年,西班牙具有自由主义倾向的军官们推翻了早已民怨沸腾的国王斐迪南七世,同样引发了法国军队的入侵并最终恢复了斐迪南七世的王位。在其他事例中,比如1830年的比利时起义,在并未诉诸武力的情形下,却实现了基本相同的政治目标。法国政治家塔列朗明确指出,"不干涉是一个形而上学的概念,它或多或少就意味着干涉"。当遍及欧洲的革命在二十年之后于1848—1849年全面爆发之时,俄国派遣军队镇压了匈牙利反抗奥地利君主制的起义。就大国协调而言,反革命的警惕便是欧洲需要为和平付出的代价。

然而,复辟时代的新奇之处不仅仅在于这种军事干预的模式。同样新奇的是,五个大国决心不再允许那些过去曾使它们分裂的诸多对抗——过去常常为拿破仑所利用——再次导致它们彼此之间发生毁灭性的战争。欧洲需要有一种不同形式的均衡,取代今人广泛认为滋生强烈危害旧秩序之冲突的传统均势(balance of power),这种均衡并非破坏稳定的竞争,而是加强稳定的协作,以维持整个欧洲大陆的政治和平。大国协调机制的功能,正如其名称显示的那样,就是让欧洲各大政治力量之间实现协调(coordination)。对其在文明化目标上所取得的成功,历史学家给予了赞颂。在体系形成之后的四十年中,直到1854年——这是自文艺复兴以来前所未有的时间跨度——欧洲没有发生大规模的战争，而直到1914年一战爆发，欧洲基本上保持了和平。

在大国之间实现这种协调并不意味着它们之间存在着密切的结构相似性或实质性的平等。在"五强共治"时代，沙皇俄国自身可被归类为一个依靠农奴制的封建专制政体。哈布斯堡王朝统治的奥地利，即使梅特涅能在大国协调机制中折冲樽俎，但也只不过是一个构造畸形但却稍微不那么具有压制性的帝国。在耶拿战役败于拿破仑之后，普鲁士王国已在其改革时代（Reform Era）实现了现代化，而在1815年之时就已经占据了德国西部的很大一部分地区，拥有着组织优良的官僚体系和教育制度，农业已然不再依赖于封建农奴的劳动。相对而言，不同于上述三个专制政体，波旁王朝复辟后的法国，即便在国王查理十世治下最为反动的时期也仍是一个拥有着书面宪章和民选议会的君主立宪政体。不过其议会建立在最为褊狭的选举权基础之上——这一基础在1830年路易·菲利浦上台之后有所拓宽，虽然幅度不大。最后，英国，而且也只有英国是一个完全意义上的资本主义国家，在议会制政体之下，它充分掌控着第一次世界工业革命的驱动力和第一个全球性的帝国。

尽管这五个大国在社会架构和国家体制方面相去甚远，但共同抵制来自下层的政治威胁将它们联系在一起。它们并非总是处于同等的地位。在"五强共治"中，霸权由英国和俄国共同分享，前者是最富有的国家并拥有强大的海权力量，而后者则是最大的国家与陆权大国,在神圣同盟内部享有英国望尘莫及的与奥地利和普鲁士更为亲密的关系。尽管其社会结构、政治制度、官方意识形态相互对立,但这个时期就它们对于欧洲的统治而言,两大帝国还算是平等的合作伙伴。

维也纳会议决定了欧洲的命运,而欧洲之外的规则却大相径庭。在那里,大国之间的传统竞争仍在延续,因为两大霸权正在扩大它们的帝国版图,一个在陆地上,另一个在海洋上,而其他大国则为它们所应享受的殖民地、仆从国以及兼并区域的份额而争斗。实际上,被协调机制所压抑的好战情绪由中心输出到了外围。在世界上的其他地区,这是一个西方帝国主义恣意妄为的时代,欧洲的主要国家甚至一些小国都争先恐后地占据这个地球上更多的土地以便利于事后的榨取。英国在欧洲与拿破仑进行对抗之时,已经征服了印度大部分地区,并继续扩大对印度次大陆的控制,吞并马来亚、攻击中国、占领埃及。法国抢占了阿尔及利亚和印度支那,俄国则将势力扩展到中亚和高加索地区,美国肢解了墨西哥并占领了夏威夷,而非洲则基本上处于欧洲诸国的争夺浪潮之中,这片大陆最终在1884年柏林会议上被欧洲殖民列强瓜分殆尽。

在此过程中,欧洲猎食者之间的帝国竞争如火如荼,美国也适时参与其中,但彼此之间从未因海外领地问题而刀兵相见,直到美国决定从西班牙手里夺去古巴和菲律宾。除此之外,军事侵略针对的是属民,而不是它们自己。柏林会议达成了瓜分非洲大陆的共识。在19世纪末欧洲列强甚至联合起来向北京派出了一支帝国主义远征军(彼时日本也加入其中),以帮助维持摇摇欲坠的满洲统治——清政府在中国一直是一个在种族上深具排他性的王朝,自太平天国起义以来还成了一个卖国政权。

这就是此种国际秩序具有的双重特性,由在反革命运动中取得胜利的君主国们于维也纳会议上所设计并结合均势体系,以维护欧洲的和平以及在亚非进行帝国主义征服和掠夺的大混战。这一秩序的基本原则并未涵盖整个世界。在维也纳体系之中,仍然存在两个"异质"地区:一个地区促发了结构性的后果而另一个则没有。第一个地区是美洲。因为在大国协调——为在欧洲王朝复辟时代推行反革命的秩序而创立——的时代,解放战争的成功使得西属美洲摆脱了殖民统治,而巴西则以更为和缓的方式——虽然较之通常的认识实际上发生了更多的战争——脱离了葡萄牙的统治。

这些动乱均始于欧洲。1807年拿破仑将布拉干萨王朝赶出葡萄牙,并在1808年推翻了西班牙波旁王朝,当斐迪南七世被拿破仑废黜的消息传来之时,西班牙殖民地的独立斗争开始风起云涌。然而,在1815年维也纳会议召开之际,除了拉普拉塔(今天的阿根廷)之外,所有这些争取独立的斗争都被镇压了。尽管如此,令人颇感吊诡的是,正是在欧洲大国协调最具政治支配力之时，西属美洲发生了诸多具有决定意义的独立战争并最终取得了胜利——从1817年玻利瓦尔在奥里诺科河登陆以及1818年圣马丁攻入智利，直到1824年岁末几天在秘鲁阿亚库乔赢得的最终胜利。

那么，在拉丁美洲，十几个共和国——这正是后革命时代的欧洲确立的君主国联盟意在压制的政治形式——的创建又是如何成为可能的？在某种程度上答案在于，1815年的西班牙日渐式微，使得它无法再在"五强共治"机制当中保有一席之地，甚至成了五个大国所担心的倾向于革命的力量。1820年，在等待一支俄国舰队前往加的斯（Cadiz）运输试图重新征服美洲的西班牙远征军时，一场反对波旁王朝专制统治的军人起义爆发，切断了俄国舰队本将运输的殖民力量增援。三年后，法国专制王朝派遣一支远征军以镇压西班牙的自由主义革命并恢复斐迪南七世的统治，但它只是分化了驻西属殖民地西班牙军队的忠诚，从而确保了1824—1825年南美解放战争的最终胜利。因此，当反革命在欧洲甚嚣尘上之时，西属美洲则逆流而上，经历了历史上第一个革命运动的大联动——不仅仅是一次起义，而是一系列起义相互交织而成的链条。

在葡属美洲，去殖民化则是一个更加复杂的过程。同前述情形相同，导火索亦在欧洲点燃：1807年拿破仑入侵葡萄牙，一年后入侵西班牙。但有两个关键差异将巴西与西属美洲的经历区分开来。首先是英国扮演的角色。英国政府不仅组织布拉干萨王朝迁往里约热内卢,进而避免了因拿破仑推翻波旁王朝统治而在西班牙殖民地造成的权力真空及其革命后果,而且还成功地使自己成为葡萄牙流亡政权的保护国,使巴西很快成为英国的第三大出口市场。在拿破仑战败之后,当葡萄牙国王决定留在巴西这一更富庶的领地时,一位英国将军——贝雷斯福德侯爵——则在里斯本作为总督统治着葡萄牙。而当 1820 年自由主义革命爆发,要求若昂六世回归之时,又是英国不仅让这位国王清楚地意识到自己必须回到葡萄牙,而且还把他带回了葡萄牙。当他的儿子多姆·佩德罗在一年后宣布巴西独立时,其获得了伦敦的许可(placet),因为这个立宪帝国避免了——采用英国首相坎宁的话说——"普世民主的罪恶";而这次又是伦敦强行规定了葡萄牙接受巴西独立的条款,包括要求巴西为失去占有权的葡萄牙支付货币补偿的独特做法。去殖民化的第二个关键区别在于,奴隶制在巴西社会和经济中的作用远远大于任何西属美洲殖民地,这就使得当地有产阶级——地主、商人和官僚——不可避免地更加保守且恐惧从下至上的剧变。然而,尽管具备了这些条件,最终造就的结果仍然打破了维也纳体系所确立的正统主义原则,尽管巴西的去殖民化不如西属殖民地独立战争那么激进,但与后者的胜利结果不谋而合,而且在客观上也对后者构成了侧面的支持。

如果说拉美的政治景观因此成了 19 世纪的一个异类,那么它事实上并未对在维也纳所创立的国际体系产生任何更为广泛的影响——地理上太孤立,太远离欧洲,太容易被英国与美国一前一后非正式地控制。在其他逃脱"五强共治"安排的地区,情况则更为不同。尽管奥斯曼帝国在地理上深入东南欧,但它既没有被邀请赴会,会议更没有讨论到它,最终被维也纳协议排除在外。即便奥斯曼帝国是一个君主制国家,但它又怎么能够被自我定位为基督教国家之间所缔结之盟约的大国协调机制所兼容呢?对于其中的四个国家而言,这个盟约是一个神圣同盟,致力于追求《圣经·新约》中所言的"正义、仁爱与和平"。在压制了雅各宾派主张的无神论和世俗主义(或至少期待达到这一结果)之后,它又怎么能够与一个在意识形态上的存在理由就是旨在捍卫伊斯兰教的政权和谐共处呢?根据定义,作为一个不信奉基督教的国家,奥斯曼苏丹国并不符合欧洲法学家们不久之后所称的"文明的标准"。在维也纳,土耳其明显被排斥于我们时代的卫道士们所界定的"国际社会"之外。

击败拿破仑后所创立的大国协调的地缘政治秩序取决于核心区域与外围地区之间的明确边界:前者由五强治下的欧洲组成,在那里和平得到尊重;后者——核心区域之外的世界——则被输入以领土侵占和殖民压迫为主要形式的暴力。维也纳体系的稳定性客观上要求其边界应当是封闭的。但是由于未将奥斯曼帝国融入这一协调体制之中,该体系便留下了一个致命的缺口。土耳其帝国占据了欧洲大陆的整整四分之一，覆盖了整个巴尔干地区，并横跨安纳托利亚直到整个中东，而且名义上至少还领有除了摩洛哥之外的整个北非。这不仅使它成为一个欧洲国家，而且还是一个地中海国家。与此同时，它所具有的另外两个特征使得奥斯曼帝国对于维也纳会议所确立的体系的稳定性构成了长期的威胁。一方面，它对于东南欧——今天的罗马尼亚、前南斯拉夫、保加利亚以及希腊——的统治越来越被生活在这些土地上的基督徒们所厌恶，民族意识逐渐被法国大革命的理念所唤醒，反抗此起彼伏，一马当先的是希腊独立运动。

另一方面，奥斯曼帝国是一个摇摇欲坠、腐败、技术落后的政权，尽管它的地理疆域广大，但其在军事和政治上的权重越来越明显地弱于欧洲的主要大国，这无疑激发了"五强共治"中的四个国家的扩张野心。在征服高加索地区之后，俄国将伊斯坦布尔视为其进入地中海的潜在门户。英国决心不惜一切代价保障通往其帝国的印度部分的战略交通线，由此力图确保没有其他欧洲大国能够控制埃及。在拿破仑统治时期，法国实际上曾短暂占据埃及，较之英国，它在地中海东岸拥有着更为持久的商业利益，并与奥斯曼帝国早就建立了外交联系，因此更急于恢复其原有地位。奥地利与奥斯曼帝国在巴尔干半岛直接毗邻，进而最直接地受到因这一近邻连续不断的民族叛乱而导致的政治动荡的影响。由此，对于奥斯曼帝国的领土，这四个大国皆有着自己的算计，它们都不相信这个腐朽的苏丹国可以作为帝国长久地存活下去。同时，每个国家都忧心其他国家的野心，而宁愿维持现状也不让其对手们择肥而噬。

这种不稳定的均衡被巴尔干人民的骚乱打破了——由希腊人和塞尔维亚人领头，保加利亚人紧随其后，特别是在俄国开始以维护东正教——而非天主教——团结的名义在背后资助这些反抗时，奥斯曼帝国表现出愈发绝望的应对态度。最后，在1854年，奥斯曼土耳其挑起了一场与俄国的战争，英法两国由于担心土耳其失败，组成了共同对付沙皇俄国的联盟。奥地利王国虽在仅仅五年前得益于俄国的军事干预才从匈牙利的革命中获救，但它却拒绝对往日的恩主提供帮助，其外交大臣声称"我们的忘恩负义将震撼整个世界"。英法联军在克里米亚的登陆，最终造成了俄国的重大失败。这次事件使得维也纳体系遭受沉重打击，五强之间的团结一去不复返。由此造就的结果是，在时隔四十年之后，欧洲内部的战争再次爆发。在俄国接受克里米亚失败三年之后，法国在意大利北部攻击并打败了奥地利，俄国拒绝在奥地利需要之时施以援手以报复奥地利的背信弃义。七年之后，看到日渐衰败的奥地利，普鲁士转而攻击并打败了它，并在又一个三年之后经由普法战争而击败了法国。自此，维也纳体系看起来已经土崩瓦解了。

然而事实上事情并非这么简单。这些战争都是短暂且有限的——最大的一场冲突克里米亚战争持续了不到两年，而法奥战争、普奥战争以及普法战争仅仅在几个月内就匆匆收场了。这些皆是在"五强共治"之下发生的冲突。这是因为在19世纪下半叶，在经历1848—1849年的欧洲动荡之后，欧洲的君主们已经不再像拿破仑时代那样害怕战争和革命之间的转化关系——事实上，无论在意大利还是在德国，自上而下控制得当的战争完全可以作为消弭自下而上之革命危险的手段。在这个意义上，这些战争反而是它们意在维护的社会秩序稳定的信心标志。巴黎公社革命起义的确是在战争结束之后以曾经令人担心的方式爆发了，但它却被迅速地镇压，似乎证明了军事战争和社会冲突之间的联系已被打破。有限战争与和平的迅速恢复似乎成为新的规则。在1877—1878年间，俄国在巴尔干地区击败了土耳其，威胁到了东南欧的势力均衡，于是五大列强再次聚首，以确保获得迅速且温和的和平，这次会议赋予了奥地利重大的领土权益，以平衡俄国在独立的保加利亚所处的支配地位，英国则控制了塞浦路斯。奥斯曼帝国这次参加了俾斯麦主持的柏林会议的外交谈判，但是是付出代价的一方。

又经过了六年，不少于十三个殖民列强（美国此时已加入进来）再次聚首柏林开会，以划分它们各自在非洲的势力范围。维也纳体系及其秉持的原则似乎重新回到正轨。十六年之后，正如我们所知的那样，五国军队加上来自美国、日本和意大利的特遣分队，在由担当盟军最高指挥官的德国人的统帅下，组成"八国联军"共同侵略中国，以打击旨在"灭洋"的骚乱并向腐朽的清政权索取巨额的赔款。在维也纳会议上构建大国协调机制的这几位建筑师们——梅特涅、卡斯尔雷、亚历山大一世和塔列朗——很可能为他们的后辈子孙们作出在西方被礼貌性地称为"中国救援远征"(China Relief Expedition)的行动而感到骄傲，而这也很好地说明了塔列朗的格言："不干涉是一个形而上学的概念，它或多或少就意味着干涉。"在如此远离其祖国的土地上，这些可能被今人称为"国际社会"的列强从未展现过如此团结一致的决心。这似乎已经达到了帝国主义者之间协作的顶峰——掠夺者之间的和平，以及它们对于那些逾越"文明标准"的国家所发起的战争。

这个表象是具有欺骗性的。1900年入侵中国将被证明是这个国际秩序的挽歌。因为"五强共治"之下三四十年之前的战争并未让国际秩序原地踏步，相反，这些战争将普鲁士王国转变为统一的德意志帝国，并进而成为欧洲大陆的主导力量，从而改变了国际秩序。这是维也纳体系所依托的势力均衡所发生的一个根本性变化。维也纳体系中，两个最强大的国家——英国和俄国——乃是分居欧罗巴两端的拱卫力量，各自所属的帝国皆远离欧陆的中心，每个都朝相反方向伸展进而深入亚洲。现在，欧洲最强大的军事力量首次处于欧洲的最中心位置。这是一个与欧陆政治平衡完全不同的命题。此外，更具有决定意义的是，德意志帝国并不仅仅拥有较之法国、奥地利、英国更多的人口，同时也具有与"五强共治"体系的其他成员旗鼓相当的工业及文化发展水平（俄国在这些方面仍然远远落后），而且很快也显示出其本身具有更大的经济、技术和科学活力。在1815年，只有英国经历了工业革命，并造就了完全的资本主义经济。然而到了19世纪70年代，工业化已经遍及整个欧洲，随之而来的是——正如列宁所指出的那样——资本主义发展的内在不平衡。

到1900年，尽管德国仍然拥有一个更为庞大且并不先进的农业部门，但已经超越英国成为欧洲最大的经济体。然而，它占据的殖民地却少得可怜，甚至还不如比利时、荷兰或葡萄牙这样的小国，更难以企及法国与俄国所占据的庞大属地，当然，较之占据覆盖四分之一地球的大不列颠帝国，更是天壤之别。看到德国不断崛起，英国愈发警觉，并将其视为对欧洲内部均势观念的一种威胁。同样，德国愈发以愤怒的眼神看待英国，并将其看作对全球均势构想的一种破坏。鉴于德国开始考虑如何纠正欧洲以外的巨大失衡，英国越来越坚定地捍卫其权益，一场海军军备竞赛遂随之展开。根据列宁的解释，两国之间的紧张关系深深地根植于德国工业势力与殖民列强阵营之间存在的矛盾。法国和俄国由于地理上皆与德国接壤，要比英国更为直接地受到德国崛起的威胁，由此它们最先采取了行动，于1894年结成一个防御性联盟。而在那之前，英国的主要竞争对手一直都是俄国，但在1907年与俄国达成关于共享对波斯的帝国主义控制协议之后，两国的关系开始升温，从而使得英国更为接近法俄轴心。

第二年，当法国转而接管摩洛哥，而受到德国对其权力的挑战之时，英国支持法国，德国被迫让步。1911 年，第二次摩洛哥危机仍重复了相同的模式。在这种情形下，尽管殖民扩张可能导致诸国之间的竞争，但却不会发生实际的冲突，欧洲列强之间的这项规则受到了尊重，战争得以避免。法国于 1830 年占领了阿尔及利亚，1881 年占领了突尼斯，并被获准将摩洛哥纳入其帝国版图，如同英国于 1884 年以类似方式将埃及纳入大英帝国那般。同时，意大利在这一殖民掠夺中不甘屈居人后，由此入侵了利比亚——不同于摩洛哥，它是奥斯曼帝国的一部分——并于 1911 年将其吞并，这使得彼时是伊斯坦布尔事实上统治者的青年土耳其党的军官们深受刺激。尽管如此，所有这些都是维也纳体系外围的领土，在那里，欧洲大国们实施的暴力长期获得许可，甚至受到鼓励。它们并未威胁到欧洲内部的和平。

在由核心与外围——它们之间没有清晰的界限——交界之处的鸿沟所造就的危险区域内，情形则完全不同，这个危险区域就是位于欧洲的巴尔干地区。在 1908 年，奥地利对俄国在该地区愈发强大的影响力而感到愤怒，同时对塞尔维亚煽动境内的斯拉夫民众反对其王朝政权感到惊恐，遂正式吞并了波斯尼亚和黑塞哥维那——其实这两个地区曾在俄国不满的情况下早已被柏林会议非正式地交由奥地利代管。四年后的 1912 年,新独立的巴尔干国家——塞尔维亚、保加利亚、黑山和希腊——四国联盟发动了一场旨在将土耳其驱逐出其在欧洲最后几个据点的联合战争。只是因为太过成功,这场战争进而引发了围绕如何分割战利品的另一场战争。塞尔维亚和希腊联合起来拒绝了保加利亚的领土要求,使得土耳其重新恢复了较之它原本能够恢复的更多领土。由此造就的结果是留下了一个充满争吵和仇恨的巴尔干火药桶:彼时此区域内弱小的新民族—国家和传统的欧洲大国之间分化为两个阵营——德国和奥地利同属一个阵营,俄国、法国和英国则在另一个阵营,每个阵营都决心防止另一方阵营或其当地盟友损害自己的利益来获益。

多年以来,奥地利一直都是五个大国中力量最弱小的一个,也是唯一一个没有海外殖民地的国家,内部最为缺乏占据主导地位的民族认同,因此最容易受到种族和语言紧张局势的影响。对奥地利而言,只有巴尔干地区可能成为它扩张的前沿阵地,然而其本身又受到该地区呼吁躁动不安的各少数民族加强团结的民族主义运动所带来的威胁。最后,在 1914 年,这种爆炸性组合引爆了整个欧洲的战争,而这正是政治家们在 1815 年建立首个正式的现代国际体系所意欲避免的情形。比他们所能设想到的更糟糕的是,这个体系在一场更可怕的灾难中灰飞烟灭了,而且产生了他们一直以来最恐惧的结果——在俄国爆发了一场无论规模还是影响皆与他们所反对的法国革命相当的革命。

1815年的维也纳会议意在建立一个持久的国际关系秩序，这一秩序建立在对于核心区域与外围地区进行划分的基础之上，前者乃是享有和平保护的欧洲，后者则是放任进行战争的广阔的、由世界其余部分构成的非欧洲的边缘地带：这些地区被视为可供欧洲列强予以任意分配的战利品。尽管如此，从一开始，这个设计就存在一个被忽视的缺陷。核心区域和外围地区之间的边界并不是封闭的，因为它将不够"文明"的非基督教国家——奥斯曼帝国排除在了大国协调体制之外，由此便留下了一道致命的地缘政治鸿沟。尽管奥斯曼帝国在欧洲占据了大片地区，但它既不被视为欧洲的一部分，也不被视作可供殖民入侵或吞并的外围世界的一部分。在逻辑意义上，伴随克里米亚战争的爆发，"五强共治"维持的和平首先在这一鸿沟出现破裂，接着奥地利大公于1914年在萨拉热窝被刺杀之时，这一和平在同一鸿沟被永久性地摧毁。实际上，通过这道鸿沟，所有暴露在外围的暴力都席卷回核心区域，并以世界上前所未见的巨大爆炸力将其炸得七零八碎。

击败拿破仑后建立的君主制秩序是自觉且明确反革命的，旨在巩固当时贵族精英的政治权力，消除人们对于在法国所建立的第一个革命共和国的记忆，并粉碎所有民众和民族抱持的意在建立较之欧洲旧政权更为自由、更为美好的社会的渴望。然而到了19世纪末，它已经成为资产阶级和贵族阶层、残余的封建势力和新兴资本主义势力的混合体：一伙相互竞争的帝国主义国家，其动力机制，在列宁和熊彼特那里以不同方式获得理解——先进工业的不均衡发展，相差悬殊的海外领地分配现状，加上根植于封建历史的欧陆贵族统治阶级对于民族声望与战争荣誉所抱持的军国主义法则，统统被包裹在彼时自诩为"自由文明"的事物之中。可以说，这个政治秩序引入的许多机制仍然在今日的国际图景中存留——管理世界事务的主要大国之间的定期会晤，正义与和平的常用修辞，频繁的国际协调以及对其频繁的违反，军事干预及以不干涉名义的政治干预，人道原则和合法性原则以及掠夺和压迫的实际做法。所有这些都汇聚在指向第一次世界大战的最后一张幻灯片上，双方都宣称它们发起战争系出于最高的正义，但却使得欧洲陷入了野蛮状态，并将欧洲之外诸民族拖入到相互屠杀之中。这场帝国主义国家之间的冲突造成约1800万人死亡和2000万人受伤。

不幸的是，在中国，甚至当时一些最优秀的人物——北大校长蔡元培也在其中——支持国家参与这场大屠杀，由此有十四万劳工被派遣到欧洲西线战场，而在东线战场则聚集了来自世界各地的近20万至50万劳工。正如我们都知道的那样，中国获得的奖励是以胜利者的身份参加相当于20世纪维也纳会议的凡尔赛和会。在战争刚刚爆发之时，袁世凯向英国提出中国参战，以换取从德国手中光复青岛。尽管彼时英国正与德国交战，英国仍然婉言谢绝了这个提议,因为担心这可能会鼓励中国政府恢复香港主权的想法,而这个想法将不得不再等待 80 年方才得以实现。这便是帝国的逻辑。在凡尔赛,日本得到了青岛,而英国和法国两国瓜分了中东地区。然而,旧的国际秩序却无法得以恢复。从历史上看,中国因早在 1911 年就推翻了长期统治中国的满洲王朝而领先于世界潮流。在 1918 年,德国、奥地利、土耳其和俄国的君主统治都土崩瓦解了。共和体制以往只限于美洲诸国和 1870 年遭受耻辱的法国,而在今后将成为一般性的规则,革命将从俄国蔓延到许多其他区域。为此,需要建立另外的国际体系以遏制这些势头。

评论与回应

清华大学人文与社会科学高等研究所汪晖教授发表了他对于这次演讲的评议。

首先,汪晖尝试从更大的历史谱系探讨维也纳体系对今天的影响。如果放在"威斯特伐利亚体系—维也纳体系—凡尔赛体系—雅尔塔体系"这一整个谱系当中去观察,维也纳体系作为第二阶段的国际秩序,在国家主权的概念出现之后,形成了大国联合统治的局面。汪晖提示说,我们是否还应当考虑,正如马克思引用黑格尔所说的,历史会在未来重复之前发生的整个过程,而又如德勒兹所谈到的,或许每次重复都是不同的,这就使当下维也纳体系对国际社会的影响变得十分有考察价值。

其次，汪晖指出，对这段历史，不同的历史学家有不同的看法。许多历史学家将一战之前的这段时间称为"百年和平"。在卡尔·波兰尼的《大转型》当中，他认为势力均衡、国际金本位、自我规范的市场机制、拥有独立主权是19世纪资本主义发展的四大元素。列宁看到了这一资本主义发展进程中的不均衡趋势，对此，波兰尼认为有必要从帝国的结构、国家的结构等进行考察。安德森的本场讲座只是从势力均衡的角度进行了考察。安德森的哥哥——本尼迪克特·安德森，在他之前于清华大学所做的演讲中，则从民族主义出发作过相应讨论。民族主义与帝国主义，在汪晖看来，是同一硬币的正反两面，它们之间的关系也是值得探讨的。

汪晖还补充道，除了本讲所集中讨论的欧洲及作为殖民地的拉丁美洲，维也纳体系也在亚洲产生了举足轻重的影响。他从"八国联军"的英文表述"The Siege of the International Legations"出发，指出"八国联军"入侵的正当化，对义和团的镇压，也正是王朝正统主义的体现，这一逻辑完全符合维也纳体系的想法。汪晖又向安德森提问维也纳体系和威斯特伐利亚体系之间的关系是怎样的。他认为，维也纳体系中的"五强共治"可以看作一个"家庭"，这与中国儒家的"家庭"概念有类似之处（但它绝不是中国儒法国家独有的概念）。奥斯曼帝国被排除在这个"家庭"之外。维也纳体系和威斯特伐利亚体系都有这种"家庭"的概念，这其中似乎存在一定的继承关系。

维也纳体系对亚洲的影响也体现在俄国对于东亚地区地缘政治的特殊地位之中。在该体系形成于欧洲的同一时期，汪晖发现清代文献中开始大量讨论中俄边境的问题。维也纳体系的形成让横跨亚欧大陆，疆域广阔的俄国有精力开始关注中俄问题。从1820—1840年开始，鸦片贸易逐渐发展起来，最终引发了鸦片战争，这一后果，间接源于维也纳体系。维也纳体系的"五强共治"其实对《马关条约》也产生了重要影响。《马关条约》将辽东半岛割让给了日本。而紧接着发生的事件，如日俄战争中英国秘密支持日本，而德法俄却强迫日本将辽东半岛还给中国，即"三国还辽"事件；另外还有青岛的危机、美国在中国东北试图垄断铁路经营权，这些都体现了维也纳体系的国际秩序下，"干涉"活动在经济、政治和军事上对中国近代历史的影响。中国在这一历史进程中的角色，对于我们理解许多事件，例如蔡元培为何支持中国士兵参加一战等，都有极大的帮助。

汪晖同时指出，要注意近代以来不同世代的中国知识分子对欧洲国际体系下这一系列战争与媾和的反应。汪晖以鲁迅1908年的重要文本《摩罗诗力说》为例，鲁迅在其中所赞赏的摩罗诗派代表——拜伦、裴多菲和普希金及密茨凯维奇，及其作为"恶魔诗人"奋起反抗的历史事迹，均与安德森教授在本讲中分析的欧洲协调机制中的"干涉"活动有关。例如，拜伦挺身而出，参与到希腊反对奥斯曼土耳其帝国入侵的反抗战争中；匈牙利诗人裴多菲则反对奥地利帝国对匈牙利的干涉；让汪晖倍感兴趣的，是俄国诗人普希金和波兰诗人密茨凯维奇这一对好友，在俄国对波兰进行干涉之后，所采取的截然相反的立场。密茨凯维奇强烈批评俄国干涉；而被西方舆论誉为"自由诗人"的普希金则写了三首长诗，为俄国的帝国行径进行辩护。普希金为俄国辩护是在大国博弈的背景之下批判西方其他霸权国家对这一问题的态度，是在帝国主义国家之间关系的框架内；而密茨凯维奇则是站在被压迫国家的立场上进行反抗。在这个问题上，鲁迅坚定地站在密茨凯维奇这边。汪晖提示说，《摩罗诗力说》写作的年代正值清末民族主义高涨的时期，鲁迅对上述欧洲历史内部不同脉络的处理值得特别关注。

汪晖最后将19世纪的历史带到了今天。他提问，19世纪国家的不同文化身份在当时起了什么作用？当今的世界已经和19世纪有了巨大的差别，除了全球化，还出现了许多地区化进程，出现了许多新的国家集团，19世纪的历史故事放到今天将会怎样？他还希望了解，在安德森所讲的政治和军事历史背后，经济的故事是怎样的？今天，我们有G8、G20这些国家集团，过去也有东印度公司这样的组织，他期待安德森教授在剩下的讲座中，对经济史的发展展开分析。

安德森主要回应了汪晖提出的波兰尼势力均衡的概念，以及他问及的威斯特伐利亚体系与维也纳体系的比较问题。安德森指出，前者是一种平衡，而后者则是一种协调，是一个合作的形式，是对于波兰尼的势力均衡的一种反对。所谓"平衡"，其实只是每个国家都想要多占一些，而这样的关系是不能稳定的。其次，安德森强调，英国在当时是一个很强的亚洲力量，因为它控制着印度，所以他同意汪晖所做的欧洲这一体系对亚洲影响巨大的判断。第三，对于汪晖提出的知识界的反应，安德森认为当时知识界对于中国参与一战的支持，一者来自蔡元培本人对于法国的认识，他认为法国是一个进步的、民主的国家，应当支持法国。二者，中国知识界也意识到，他们很可能加入了胜利的一方，那么未来或许有机会与战胜国平起平坐，一起磋商未来的世界秩序。最后，安德森认为1870年之后经济的故事才变得重要，因为在那个时候，德国、美国的经济实力获得了极大的增长，英国的金本位制已经式微，这最终成为导致一战爆发的原因之一。

（整理：徐亮迪）

21世纪的大国协调

张瀚天 译　章永乐 校*

随着维也纳体系在一战中的全面崩溃，世界政治格局也迎来了天翻地覆的巨变。世界上主要政治体之间的角力在20世纪经历了三种不同的秩序：1918—1945年，乱世当道，各大国与众小国各自为营，世界局势在阵营之间的相互敌对中逐步滑向第二次世界大战的深渊；其后近半个世纪，世界局势从根本上呈现以美国与苏联两极开启并领导的冷战格局，它们互相争夺对世界其他地区的控制或影响。从1991年苏联解体到20世纪末，美国作为唯一的超级大国独占鳌头。以21世纪世界体系为出发点，今天，我将就"与19世纪世界体系相比，21世纪的世界体系有何异同"这一问题展开讨论。

---

* 张瀚天，北京大学法学院2016级法学硕士。

一、21世纪"维也纳体系"?

从相似之处说起,正如维也纳会议过后的世界一样,当今世界的主要大国也会举行定期会议:七国集团首脑会议(G7 Summit),八国集团(Group of Eight),二十国集团(G20),与过去的会议体系(congress system)并无二致——所有参会国家都是联合国(UN)的维护者,在安理会(United Nations Security Council)中也绝少有分歧,遵循"大国一致原则"。它们也同样都是世界贸易组织(WTO)成员。形形色色的条约和国际组织大量涌现。人权话语提供了19世纪"文明标准"(standard of civilization)的后现代版本。以人权为名,军事与政治干涉激增,或宣称自己采取不干涉政策。和过去一样,冠冕堂皇的说法是,今天的国际体制是为了谋求人类的普遍利益,但在实践中,亦如过去一样,大国(Great Powers)凭特权凌驾于体制之上,其中一项特权就是拥有核武器的权利。以上这些,都让我们联想到维也纳会议之后的国际政治图景。

许多人都同意,如19世纪前期一样,当代存在美国、欧盟、俄罗斯、中国和印度五个明显的大国地位人选。而当今世界的五大国能否组成新的"五强共治"?在社会结构、政治体系、法定意识形态和经济发展水平上,这五国比起构建维也纳协议的五国来说,内部差异更为复杂。欧盟拥有最庞大的国民生产总值（GDP），但仍是一个并不完善的国家联盟，许多成员国仍保有社会民主主义色彩，整个联盟缺乏中央政府；俄罗斯虽然失去了苏联一半的领土，但依然是世界上陆地面积最大的国家，拥有世界第二大核武储备，由一个选举产生的独裁政权所统治。即将成为地球上人口最多的国家的印度，是一个有四亿赤贫人口的种姓社会，也是一个在自由民主政体框架内的中央集权而又拥有多元文化的联邦制国家。而美国，生活水平超过任何其他大国，拥有世界上最大的金融行业和最强的军事力量，是一个包裹在一部18世纪宪法外衣之下的、不受束缚的资本主义社会（unfettered capitalism），仅有一半人口参与投票。中国是一个在共产党政权领导下的国家，这一政权管治着战后最富活力的市场经济。

与滑铁卢战役之后的几大老君主国相比，美国、欧盟、俄罗斯、中国和印度这一大国集群内部的差异，是否更为极端？会不会因此成为它们之间逐步形成某种协调关系的阻碍呢？当然，即便确有形成协调关系的迹象，这一过程也远比1815年更为缓慢和坎坷。因为它所形成的前提条件，并不是出于彻底地击败共同敌人的目的——比如拿破仑，尽管他背叛了法国大革命，但仍然被君主们视为恐怖的革命后果之一；它的前提条件也不来自退回全面战争的危险，维也纳会议恐惧这种全面战争，视之为革命的伴生物。当今世界，核恐怖平衡早就已经消除了大国之间军事冲突的传统演算方式；其他形式的适度敌对可能会重现，但决战沙场的情形,已大为减少。另外,随着西方在冷战中的胜利与苏联的解体,曾长时间存在的全球遍布意识形态传播与反叛中心的图景,已不会重新出现。

二、日趋复杂的协作基础

假如今日的大国既不恐惧战争,也不担心革命,它们之间的稳定协作还能建立于怎样的基础之上呢?毫无疑问,一定是更为庸常(prosaic)、也更为复杂的基础。能促使当今的大国达成协议以领导世界的,并不是源于相关国家间战争状态或底层社会革命的危险,而是它们经济上的相互依赖(economic interdependence),这种依赖使它们必须捆绑在一起。不仅在于今日商品市场跨国联系程度之深远超往日,更在于自20世纪80年代的新自由主义转向以来,资本和货币市场超越国界的互联互通,已经达到了即便是在古典自由主义高峰的美好年代(Belle Epoque)也难以想象的程度,而仅仅几十年之前,连哈耶克这样的新自由主义先锋仍抱着怀旧的姿态回眸那个美好年代。因此目前对世界政治稳定的主要威胁,并非来自军事冲突或激进暴动,而是来自经济失调的连锁反应——正如我们自2008年以来所目睹的那种情形,以及生态危机的到来——如生物圈的持续变暖。正是为了解决这些问题,过去会议体系的当代形态才被创制出来,这一产物并不是为了平息王朝冲突或领土争端而召开的外交峰会，而是这个世界的统治者们的集会，旨在熨平各方在贸易、利率、币值和碳排放目标等实质利害关系上的分歧。

显然，矛盾与冲突依旧存在。每个大国都有自己的经济和生态议程，加之各方的领土关切或主张，国与国之间的政策规划并没有必然的兼容性。但正如19世纪欧洲的大国协调一样，这些矛盾点已经在实践中被解决或压制了——尽管这一过程多多少少伴随着摩擦。主要原因在于，各国对资本主义世界市场的诸原则，均抱有一致而务实的支持态度。虽然它们为了在体系中获取相对优势而玩弄手段，但全球化不仅统一了所谓"国际社会"的统治者们的深层客观利益，也整合了它们各自主观看法的核心基础。由此来看，21世纪早期的世界，与两次大战之间以及二战之后意识形态两极分化的世界，有着天壤之别。但是，有效共识的前提条件也与19世纪截然不同。经济的不稳定，以及影响更深远的生态危机，都是当今统治秩序不得不面对的威胁，这是因为各个大国的政权合法性都依赖于经济的持续增长，而经济发展速度的快慢系于各国的预期和客观条件。任何持续的经济衰退甚至崩溃，即便没有引起直接的选举或社会反弹，仍有可能造成与今日的统治秩序相抵触的局面。正是对这一危险的共同忧虑，让国际秩序的顶层集团紧紧地整合在一起。

在这个被平定（pacified）的秩序中，如1815年之后一样，依旧存在区域性失衡,即存在与秩序原则相矛盾的战乱地区。令人惊异的是,这样的失衡与1815年情况相当类似。19世纪被奥斯曼帝国占领的欧洲地区造成了类似的区域动乱,并最终导致维也纳体系崩盘。到了21世纪,昔日奥斯曼帝国的中东属地及其在穆斯林世界的外围地带,爆发了同样的地区骚乱。在我们交谈的当下,正有七场战争在这一区域发生或持续扩大:从利比亚到索马里,遍及也门、叙利亚和伊拉克,一直延伸到阿富汗和巴基斯坦。甚至在欧洲,如前南斯拉夫的命运所昭示的那样,奥斯曼统治遗留的冲突和混乱,至今仍未完全消失;在阿拉伯世界内外,欧洲殖民主义和西方世界对石油的需索,延续并激化了这些奥斯曼历史遗留问题,以至于稳定已成为这一地区遥不可及的夙愿。

三、独一无二的霸主:美国

到底是谁在挑起这些地区的战争?正如其前任一样,当代大国秩序并不是平等者之间的联合体,等级制度始终暗藏其中。然而,不同于复辟时代的欧洲,现有秩序内部不存在两个霸权力量。美国依然享有"后冷战时期"无可撼动的独尊地位,享有诸多众所周知的战略优势——巨额财富、优质教育资源、具有压倒性优势的军备力量、国际储备货币等等,但最常引发质疑的就是美国的债务问题。当美国要依靠对手的资助来维系自己的贸易国地位时，它要寄望于何种方式主宰一切呢？对这一点，其辩护者指出，虽然美国如今持有的公共债务数额几近国民生产总值的96%，但仍低于1945年的相对值，也同样低于现在的日本，相比英国在战胜拿破仑次日近270%的峰值，更是九牛一毛——彼时英国即将迎来扩张成为世界帝国的黄金时代。当然，与1820年代的英国债务和1990年代的日本债务不同的是，美国的持债者多来自海外，接近于历史上典型的半殖民地国家债务形式，而非帝国主义国家债务形式。但是这些债务支撑起美国的庞大进口额——主要是中国和日本，作为美国债务的持有方，他们也需要通过对美出口以维持自身的经济增长；加之其所拥有的债务额已经十分巨大，如果债权国抛售债权，将会引发所持债券价格灾难性的下跌。由此可见，债务国和债权国互相绑架了对方。辩证地看，大国间结构性冲突最大的潜在爆发点，正是其经济利益上互相依存的最有力确证，而任何新的大国统治也必须建立在这一依存性的基础之上。

美国的霸权地位虽处于外部赤字的阴影之下，但尚未受到实质影响，这得益于两个方面。其一，在意识形态上，大国之中，唯有美国致力于输出自由市场与自由选举的资本主义自由（the capitalist liberty of free markets and free elections）信条，原则上这一信条可以适用到任何地方。其他大国的官方立场都是特定国内环境的产物，它们既没有能力实现类似水平的普世化，亦不以此相标榜。中国的情况即清楚地印证了这一点。中国拒绝任何将自己塑造为他国的模范的主张,更不必说更加力所不逮的俄罗斯和印度了。欧盟也同样如此,在意识形态的各个方面它几乎都和美国一样,就是多了那么一点装腔作势,但作为一个异于他者的超国家政治体,置身于这样几乎全由民族国家构成且由最古老、最强大的国家领头的世界格局中,它缺乏广泛的号召力。另一个支撑起美国霸权地位的条件,自然是它独一无二的地缘优势:美国独据大西洋与太平洋两个天然屏障,使之能与对手在地理位置上隔绝开来;而其他大国都与潜在或事实上的对手接壤,如欧盟与俄罗斯,俄罗斯与欧盟、中国,中国与印度、俄罗斯,印度与中国、巴基斯坦。并且出于各自的国内原因,这些国家从根本上保持了内向性,对它们而言,外部问题往往受制于内部局势——这也是它们常常迎合美国霸权的原因。在这个辐辏结构中,各方与华盛顿的关系总是比另外四方彼此之间的关系更为重要。而霸主美国恰恰相反,它是当前大国体系中唯一真正外向的国家,美国领导人对国际问题的关注经常比其对国内问题的关注更持久,行动也更为果断。

因此,美国在当代国际体系中的突出地位,即便在原来的大国协调秩序中亦无能出其右者。正如我先前所述,一度共同掌握欧洲霸权的英国与俄国,在当时的世界舞台上也互为竞争对手,因此这一霸权自身更为松散,也易为当时"五大国"的另外三国——奥地利、普鲁士和法国所容忍,因为英俄两国占据了欧洲大陆的双翼,在另外三国所处的欧洲大陆中心并无直接存在。相较之下,美国才是一个真正的世界霸主,此种霸权连鼎盛时期的大英帝国都未曾达到:美国在五大洲都设有军事基地,能在二十四小时内向世界任意地区投送大量精锐部队。这就意味着,不同于19世纪英国或俄国的地位,美国能够任意干预其他大国所处的区域环境,而其他国家在美国所处的西半球区域都无法以彼之道还施彼身。美国实际上能以拒绝或命令的方式公开指示其他大国,告诉它们能主张哪些领土:禁止俄罗斯收复其历史上曾拥有的克里米亚,同时命令欧洲吸收土耳其入盟。

四、其他诸国的角色

通过以上几种方式,美国超过了19世纪欧洲协调体系中两位联合霸主的地位。如果我们以其他大国与超级大国的合作程度为指标,来评判21世纪大国协调体系出现的可能性,那么当今其他大国的角色较之当年又如何呢?如果以2000年前后若干年为基准,这种合作已经达到了惊人的程度,足以让人相信新的世界体系正在形成。毕竟在21世纪初,美国已能够在俄、印的援助下入侵并占领阿富汗;它还能够获得安理会的支持和协助,占领伊拉克;同时在其他大国的配合下对伊朗实施经济封锁;那时中国也加入了世界贸易组织；欧盟和北约（NATO）的势力毫无阻碍地扩张至俄罗斯的边境；印度成为美国的核伙伴。海湾战争之后，老布什总统宣告在主要大国共识基础上建立"新世界秩序"（New World Order），当时无人提出反对主张，而十年之后的情况看来是对他的确证。

今天的关键问题是什么呢？首先是国际体系的显著变化，动摇了俄罗斯的国际地位。回望拿破仑战败后的欧洲协调体系，成员国包含四个战胜了拿破仑的国家：英国、俄国、奥地利和普鲁士，也包括完败的法国——拿破仑曾经统治的国家。在维也纳会议重组欧洲势力版图时，战胜国出于谨慎并没有怠慢法国——不剥夺其原有领土，不将其排除于协调体系之外，也不以其他方式对其进行严厉惩罚。之所以如此，是因为它们敏锐地意识到，它们在法国扶植的波旁复辟王朝缺乏民众支持和民族的合法性（national legitimacy），这些战胜国担心，把一个过于屈辱的和平协定强加于法国，只怕会侵蚀这个王朝的政治基础，最终酿成它们最恐惧的另一场法国大革命。反革命的审慎态度促使它们对战败国法国采取了温和的处理方式。

苏联的覆灭意味着西方世界最终成为冷战的赢家，与当年反法同盟击败拿破仑一样具有决定性的胜利再次上演，然而此时西方世界已不必像反法同盟对法国所做的一样，从外部强加任何复辟政权。叶利钦时代的精英们在后苏维埃时代心甘情愿地投入资本主义阵营，其热忱甚至远超西方的新自由主义者（neo-liberals），与此同时他们满腔热情地接受了美国在经济和外交上的领导。戈尔巴乔夫对当时的外长科济列夫（Andrei Kozyrev）有句著名的评价，形容他更像是美国驻莫斯科领事。苏联解体使俄罗斯失去了原属沙俄的大片地区，包括18世纪甚至更早就已划入俄国领土的斯拉夫地区乌克兰和白俄罗斯。叶利钦为了谋权放弃了这些领土，加上大规模的腐败和政府经济管理上的无能，所有这些都极其不得人心。

为了使经济重回正轨，普京在刚上台之际，也极力迎合美国。但是，得到欧盟支持的华盛顿不顾本国强硬派冷战人士的警告，公开蔑视俄罗斯，违背老布什的承诺，把北约扩张到了俄罗斯边境，企图直插俄罗斯的后院——高加索地区，还试图在乌克兰扶植亲美政府，以达到对俄罗斯的合围。此举招致俄罗斯的反击，俄政府收回克里米亚作为报复。此后美国和欧盟对俄实施经济制裁，时至今日俄罗斯仍深受其苦。换言之，西方遵循了一条与维也纳体系战胜国完全相反的道路，一改当初在处理法国时的谨慎，对俄罗斯实施严厉压制。导致十二年前热衷参与美国所界定的"国际社会"的俄罗斯走上修正主义之路，它拒斥由美国主导的国际现状，并志在扭转这一格局。然而俄罗斯所谋求的改变是极其有限的，其主要诉求是，尽管人口和领土大大减少，俄罗斯仍应被承认为一个值得尊敬的大国。为了重获这一地位，俄罗斯在中东积极部署军事力量，以挫败美国和欧洲国家意在推翻叙利亚政府的行动——俄罗斯这一行动本质上是解除制裁的谈判筹码。这些行动不会对美国主导的金融和商业体系构成威胁，相反，俄罗斯的精英们仍试图融入这一体系。知晓这一情况的美国精英们也寄望于此，所以他们对俄罗斯的经济压迫至今还没有放松的迹象。只要这样的情况继续发展下去，想要找回使完整的大国协调成为可能的那些条件，前景阴云密布。

那么，在潜在的21世纪"五强共治"之中，另外三个大国又如何呢？欧盟面临着英国迫在眉睫的脱离，也面临着紧缩政策和移民涌入所导致的民怨，更不必说欧盟内部南北国家群体之间以及东西国家群体之间与日俱增的政治分歧。在此境况中，欧盟已经不再自命为照亮人类未来的光明灯塔。它深陷于不断加剧的内部问题中，在国际舞台上早已不是一个自主行动者。虽然实际付出了远高于美国的代价，它仍顺从地执行美国对俄罗斯的制裁，并遵守美国对中国的设备贸易禁令，协助美国在北非和中东的军事行动。它的自主空间仅限于与华盛顿的财政、商贸争端问题上。印度虽然经济发展迅速，且也在寻求与美、日建立亲密战略伙伴关系，但它受到一系列因素牵制：东北部和西北部的维稳压力，与巴基斯坦的持续冲突，加上国民教育水平和基础建设方面的滞后，使其无法在国际上扮演与其人口规模相称的角色。

最后，中国又怎么样呢？从尼克松访华到克林顿的第二个任期，中国的国民生产总值增长了大约三十倍，在此期间，中国在安理会只行使了一次否决权；而在1997—2007年的十年间，国民生产总值增长了四倍，2011—2014年的三年间，又增长了四倍。中国上一次独立行使否决权还是在1999年。自那时起，中国的所有投票都和俄罗斯一致，而后者运用自己的否决权更为任意，虽然不如美国那么频繁——美国在这方面一直是冠军。而中国在行使否决权上态度的变化，其意义不言而喻：在四分之一世纪中，中国在财富和力量上的伟大崛起，伴随着对美国霸权一贯的外交迎合，这遵循了中国六朝时代的格言——"韬光养晦"，即"隐藏实力，等待时机"。甚至在遭遇美国轰炸中国驻南联盟贝尔格莱德使馆时，这一纲领也未曾改变。

近年来，随着中国在世界经济和国际事务中的影响力与日俱增，"韬光养晦"开始让位于"有所作为"。建立在共同利益之上的中美两国在许多方面继续保持着合作：两国间密切的经济往来，对全球变暖的共同关切，多形式的文化交流等。但是，只要对美国决策者及其智囊们的文献有浮光掠影的了解，就能看出两国建立更深层合作关系道路上的重重阻碍——两国的战略目标互不相容，透过表象来看，二者都不是安于现状的大国。从长远来看，中国不会任由远隔万里的美国在其家门口的东海以及西太平洋沿线实施海洋霸权——这是一种公然的对本地区的帝国主义干涉。如其他大国一样，中国会努力掌控自己的海域。在这方面，美国当下并不仅限于遏制中国。作为美国最杰出的中国研究专家之一，阿伦·弗里德伯格（Aaron Freedberg）明确指出："脱去外交辞令的外衣，美国战略的终极目标，就是促进一场革命——哪怕是一场和平的革命——来推翻中国的一党威权国家。"换言之，美国的目标不仅是要维护它在太平洋的控制权，而且是政权更替。这些目标之间的冲突仍然被掩盖着，但要是认为冲突会轻易消失，那不过是幻觉。弗里德伯格指出，两国都认为，时间站在自己这一边。

五、"全球化"与大国协调

这一现状在哪些方面偏离了本世纪大国协调的前景呢？资产负债表至今仍然隐晦不明。一方面，这样一个体系的物质基础毫无疑问是存在的，这就是流行语"全球化"的真意，即对后现代资本主义实践与原则的共同拥护，在这一资本主义形态中，金融市场将世界上各个国家和经济体结成日益紧密的互联网络，在这一网络中，对单个国家的危险变成了对全体的危险，正如2008年的危机以及整个世界迄今尚未摆脱的漫长余波所证明的那样。在这个物质基础之上，出现了一个广泛的意识形态和制度上层建筑，体现为世界领导者们之间的持续会晤与商讨，以及关于"国际社会"的一套修辞：这一社会由全体国家组成，并致力于解决共同问题。对这一叙事，每个国家都有自己的版本，但核心主题是相同的。笼罩在这个国际社会之上的，是超级大国的安全框架。如果这就是国际图景的全貌，那么合作性的大国协调早已蓄势待发。但是，存在着一个潜在的全面阻碍力量。霸主并不满足，或者尚未满足于主导一个由星球资本主义（planetary capitalism）所统合的秩序，在这个体系里，它必须尊重其他大国的地区利益，以维护秩序的稳定。相反，在两个主要方面，它违背了维也纳会议体系借以建立大国协调的基本准则。首先，作为冷战的赢家，美国并没有创造和解基础上的和平，而是向失败者施加充满羞辱和报复的惩罚性和平，一反当年欧洲的反革命政治家们对法国的态度。其次，美国显然并不满足于建立在市场原则共识之上的世界经济体系，更希望进一步追求世界政治体系的霸权化；如弗里德伯格所言，单单资本主义是不够的，必须是按美国标准所描述的自由民主资本主义——这也违背了旧的大国协调体系原则，旧的体系只确保革命得到镇压，从不试图把特定类型的君主制强加于其成员，而是谨慎地尊重成员国的自主和多样性。

　　这种超级大国的自我标榜能持续多长时间呢？资本主义的不平衡发展曾使美国在一个世纪内谋得重利，如今却已经不利于美国的发展，美国在国际产出中的份额下降，国内因收入增长停滞引起的动荡与日俱增。单从经济趋势推断，完全可以料想到一个美国荣光不再的未来世界。那时，美国将会面对众多替代性权力中心——中国、欧盟、印度——这些国家虽然还达不到美国的军事影响力,但它们的人口规模都大于美国,在经济资源上也相当或接近于美国。美国作为超级大国和唯一帝国主义霸权国家的霸主地位将成明日黄花。但那时,霸权会消失吗?不会,如果我们记起霸权这个词的另一个更深的含义——它并非来自修昔底德和希腊城邦,而是由葛兰西通过分析列宁和十月革命而提出的——它并不指涉国家间的权力秩序,而是直指社会中的权力体系。如果世界是由诸多国家组成,并且这些国家都认同今日所理解的自由市场和自由选举学说——即自由资本主义民主的标准样式——这一社会秩序将拥有空前的霸权力量,却不需要任何的传统霸权实体。这既不是空想,更严峻的是,也不在任何方面与当前美国的帝国功能相矛盾——这在美国最清醒的理论家们的评估中已得到印证。2003 年 7 月,即伊拉克战争几个月后,罗伯特·卡普兰 (Robert Kaplan)发表了著名的文章《不动声色的霸权:掌管世界的十条规则》("Supremacy by Stealth—Ten Rules for Managing the World")。文章铺陈的两个主要观点,迥异于"修昔底德式霸权",而应和了"葛兰西式霸权"的两大要素。

在第一个观点中,卡普兰借用来自哥伦比亚、也门、萨尔瓦多、阿富汗、蒙古和西非等地公开或隐秘的战争经验,力图找到一套有效的基本原则,以服务于美国的霸权实践,他将这一实践表述为"为航空和信息时代而设计的、没有殖民地的美国霸业

(imperium),在这一时代,人员和资本的大规模流动,稀释了主权的传统含义"。总体的原则,如其所言,是"轻而致命"(light and lethal),即运用"力量的节约"来达到关键目的。他认为,这是冷战最后十年的历史经验。他写道:"1967年,我们'默默无闻的专业人员',在玻利维亚协助追捕并处死了引发半个地球骚动的埃内斯托·切·格瓦拉。在萨尔瓦多的五十五名特种部队官员的业绩,超过了在越南的五十五万多名士兵。智利虽遭受了皮诺切特(Pinochet)的恶行,但私有化仍然使得后阿连德(post-Allende)时代的智利成为拉丁美洲唯一可与亚洲四小龙相抗衡的经济体。在西半球,美国对政治现状毫不掩饰的形塑,不需安理会的支持,但同时,它也不想陷入泥潭。"卡普兰更指出,这种渗透模式如今已经成功扩展到美洲之外。"尽管在许多地方,我们没有像昔日的英国一样站稳脚跟,但我们的军事实力,以及配套的训练和养护,仍然有助于我们与当地政权的结合,'9·11'以来,美国情报人员已经秘密遍布于各国的情报机关、军队和警察机关。"在这样的条件下,可以更迅捷、有效地秘密使用暴力。卡普兰还预见了奥巴马任期内无人机的发展,他认为:"未来的科技,比如可以像大核弹头一样制导的子弹,以及可以追踪个人神经信号的卫星,将会使暗杀的可行性大大增加,并让美国在追杀萨达姆·侯赛因那样的统治者时,降低对平民的伤害。至于国际法,只有当战争作为与和平对立的另一种状态存在时,才有意义。由于战争的爆发越来越不对称，出其不意成为最重要的变量，能用于跟国会或联合国进行民主磋商的时间越来越少，华盛顿和其他地方的军政要员必须因势做出闪电般的决定。在这种条件下，所谓来自国际社会的批准将会逐渐被架空——即便各方都严肃地否认这一点。"当全面的军事干涉不可避免地来临——例如伊拉克的情况——美国就应该重拾它在美西战争后粉碎菲律宾起义时所用的手法。

卡普兰的上述思考完全可以被视为当代美国军国主义最令人胆寒的目录，公开而无情地彰显着美国新的总体力量。但这一看法真正有意思的地方在于其对于"同意"（consent）——葛兰西的霸权概念的另一面——富有远见的构想。在此，重要的不是卡普兰冷静罗列出的美国帝国霸权实践，而是他所描绘的美国战略视野：

> 正因为它们引起剧烈变迁，自由主义帝国——如威尼斯、大不列颠和美国——为自己的失败埋下隐患。因此，它们必须异常狡诈。我们不能想当然地看待任何事物——一百年前，英国海军还是战无不胜的队伍。……由法德主导的欧盟联合俄罗斯掌管的世界，或者由联合国掌管的世界，都将比现在的世界糟糕得多。因此当下的最高道德标准，必须是维持现状，并在审慎的前提下增强美国的强权。

权力的目的不是权力本身：从根本上说，它是为了维持有序世界的关键特征这一自由主义目的。这些特征包括对财产的基本尊重、政治稳定、从务实视角理解的自由理念、经济自由以及从文化视角理解的代议制政府。目前，正是美国的力量，也只有美国的力量，才能够作为一个组织原则，推动自由市民社会在世界范围内的确立。在世界历史上一个充满危险和动乱的时刻，美国肩负起了这一责任。旧的冷战体系曾在半个世纪的时间里作为国际事务的主导范式，但现在显然不复存在了。那些未来可能扮演地区稳定力量的势力——印度、俄罗斯、中国和欧盟——各自面临不稳定、力量未充分发展或是不自信、不自由的问题。二三十年后，孕育新体系的条件可能会成熟，这一体系中有多个有影响力的行动者，以不断有机演化的依存关系为基础，组成新的政体结构。但是，在那个时代来临之前，维持最低限度的秩序和稳定，仍主要是美国的任务。如果我们足够明智，就能认识到一个基本事实：我们是一个短暂的帝国霸权，我们受命经营一个帝国，而这个帝国等待着自己被淘汰。

六、结　语

　　所有的历史图景都有缺陷，而所有的霸权都是不完美的。

但如果我们不仅观望这个充斥着美国强势话语的当下世界秩序，也翘首以盼它的未来走向，我们就不应无视这一未来构想的内在逻辑。从历史来看，作为经济体系的资本主义一般都需要一个单一霸权来制定规则，并监管作为其组成部分的、嵌入民族国家的资本阵营之间的互动表现。历史上缺少霸主的时期通常都是不稳定的时期，此时另一种意义上的霸权——不是一个资本阵营对另一阵营的稳定支配，而是在各个资本阵营内部，资本对劳动的支配——也受到威胁。今天，美国霸业最深刻的理论家们所预期的，是一个不需要霸权充当国家间稳定器的新国际秩序，在这一秩序中，霸权性的稳定已经在各国内部得到普遍的保障。这一变化的发生条件被卡普兰总结为"自由市民社会在世界范围内的确立"，以及世界主要国家间"不断有机演化的依存关系"。就前者而言，自由之家（Freedom House）每年都会沾沾自喜地统计全球"开放社会"和"正常运行的市场民主体制"的数量，以及落后国家在这两方面所取得的进展。至于"不断有机演化的依存关系"，除了持续的七国集团首脑会议、八国集团甚至 G9 峰会，还有东亚与美国间互嵌的依存关系——东亚向美国市场出口商品，美国向东亚的银行出口债券，跨领域的国际投资力量使各个领先国家错综复杂地交织在一起，并为互利共荣而努力，还有什么可以做的呢？关于这种世界体系该如何被称呼，我们有两种均来自德国但却大相径庭的描述，对 18 世纪末的康德而言，我们面前最终会出现梦寐以求的诸共和民族的联盟，它被称为"永久和平"；而对 20 世纪初的考茨基而言，届时我们将会沦为一个被他冷峻地命名为"超帝国主义"的秩序的臣民。一切皆无定数，但我们应该铭记这些可能性。

评论与回应

北京大学国际关系学院潘维教授首先对 19—21 世纪大国协调模式比较的主题表示了高度兴趣。他从历史哲学的角度总结道，安德森的演讲着眼于霸权话语，强调美国的自由主义观念支撑着以美国为首的当代秩序。对此，潘维补充了一项论据：与 20 世纪 30 年代和 2008 年经济危机出现时政府果断出手干预所不同的是，在当今世界经济不景气的大背景下，政府干预常常遭到质疑。与美欧限缩政府权力相同的是，中国政府也在推进简政放权。潘维认为可以借助葛兰西的理论，从意识形态上的霸权话语来解释这股席卷全球的趋势。

潘维还提出了两项评论。其一，美国自由主义观念在今天不仅已经遭受挑战，同时还不断制造着混乱。自由主义背后，则是全球化趋势下大规模资本跨境流动，摧毁起源于威斯特伐利亚和会的国家边境的概念。在潘维看来，冲突的产生并非源于不同文明之间的摩擦，而在于文明与资本之间的对抗。资本所到之处，传统社区纷纷崩溃，人民感到无助和绝望。其结果是原教旨主义者、极端民族主义者、环保主义者在全球各地纷纷涌现。而结果有二：一方面，人们不仅需要限缩政府权力，也要限缩资本的势力范围；另一方面，民族国家不再是冲突的主体单元，资本作为非国家主体成为新的敌人。

其二，潘维同意安德森所指出的，中国政权在今天已经受到美国的很大挑战。不过他指出，更重要的问题不是哪个国家或国家联盟将统治世界，而是什么将统治世界——换言之，资本会否一统天下？在这个意义上，潘维更认可考茨基对"超帝国主义"前景的评判。他最后提示道，将资本"关进笼子"很重要。如此一来，现存世界秩序也许并不如我们想象的那么持久。

安德森教授的回应主要包括以下三点：

其一，针对潘维对全球经济局势的考察，安德森指出，世界政治秩序的稳定与经济发展息息相关，而后者的稳定性在今日确实值得质疑。自20个世纪70年代以来，全球经济已经进入经济学家所谓的"漫长的衰退时期"（long downturn）。尽管包括中国在内的亚洲国家曾一度扭转这种颓势，但它们今日也面临经济发展普遍减速和经济泡沫等问题。与此形成对比的是，尽管拉里·萨默斯（Larry Summers）已经直率地指出经济发展的灰暗前景，各国仍使用传统的自由主义策略应对新自由主义带来的问题，在这一点上并未发生太大变化。

其二，他观察到新自由主义下资本无限度扩张所引起的社会反应，即所谓"民粹主义的反叛"。就此他强调，民粹主义并不针对整个资本主义，而是针对新自由主义形式的资本主义。安德森还指出，这种话语常常缺乏对社会结构的系统分析，并将精英和民众相当粗略地对立起来，而其具体口号如"占领华尔街"虽然占据道德高点，却是经不起推敲的。无论如何，这就是我们这个时代的社会思潮。因为这种思潮的模糊性，其在不同国家表现出的政治倾向并不同，但其吸引的社会群体和存在的物质基础却是类似的。新自由主义与民粹主义构成了我们这个时代的基本政治图景。

其三，安德森承认，潘维的问题抓住了核心，而这也是卡普兰文章的观点：世界霸主的地位在国家间转移，资本的统治地位却岿然不变。

（整理：孙一先）

民族主义的他者*

魏磊杰 译

首先需要提出的一个问题是，我们应在最宽泛的意义上理解"民族主义"这个术语。捷克政治家托马斯·马萨里克[1]曾经给民族主义下了一个最为简明扼要的定义。他认为这一术语意味着任何思考皆以民族作为最高的政治价值。当然，这并不意味着民族主义者必须在任何情形、任何语境下都仅考虑或只优先考虑本民族，而排斥其他的归属意识或其他的身份认同——在任何既定的情势下，民族主义这一概念的内涵一直都是可变的。如果以这种方式来理解它，那么我们便可以对"民族主义的他者"——可

---

*本文原是作者发表于《新左评论》的"Internationalism: A Breviary"一文的简化版。原刊于 *New Left Review* 14，March-April 2002。微信公号"女神读书会"曾依安德森教授本次讲演的现场录音整理过一个粗略译稿。在翻译过程中，本文译者曾适当参酌此稿，特此说明并致谢。

[1] 托马斯·马萨里克（Thomas Masaryk，1850—1937），第一次世界大战之后独立的捷克斯洛伐克共和国的第一任总统。他同时也是一位社会学家与哲学家。——译注

将其称为"国际主义"(internationalism)——下一个对应的定义。什么是国际主义？国际主义可以指对意在超越民族，建成一个继续以民族作为基本单元的更大的共同体所做的任何思考与实践。

对于这样一种实用型的定义，其好处就在于可以摒除诸多传统的对于民族主义、国际主义的先入之见，并且有助于对这两个概念之间的关系进行更为系统的研究。自约两百五十年前民族主义与国际主义首次获得其现代形式起，它们都经历了一系列的转变。那么，该如何更好地理解这些转变呢？我将把这些转变划分成几个阶段进行研究。目的是将民族主义与国际主义之间的内部关系划分为一系列基于史实的阶段，而每个阶段都通过一对属音（dominants）[1]加以界定。"属音"这个词揭示了其自身的局限：在每个被研究的阶段，所谓的"属音"绝不是可以穷尽的，但研究只会将重点放在任何阶段中最为新奇、最为突出的一面，而一系列的"反潮流""弦外之音"都有可能因简化之故而被暂时排除在本项研究之外。在这里，我采用的模式是通过五个参数，将国际主义不断演进的含义和在历史上可堪与之对应的一系列民族主义的理想类型相互匹配。详言之，这五个参数分别是：1. 与每

---

[1] 在音乐学中，"dominant"指的是音阶的第五个音级，它由主音（Tonic）产生出来，属音和弦以属音为根音。安德森在此利用"属音"作为比喻，强调他所概括的要素所起到的服务主旨、统领从属线索的作用。——译注

个民族主义系列变体同处一个时代或彼时占据主导地位的资本类型；2. 所研究的民族主义活动的主要地缘政治区域；3. 民族主义所依托的主流哲学思想；4. 该研究阶段对于"民族"最为适合的定义；5. 民族主义与统治阶级的关系。

第一阶段

作为一股世俗力量的现代民族主义情感的根源可以追溯到18世纪的西方。彼时爆发的两场伟大的革命使得"民族"这一意识形态上的概念第一次出现在历史的舞台，并且它和我们今天对民族的理解毫无二致。这两场革命分别是北美殖民地反抗大英帝国和法国人民推翻绝对主义。美国独立战争和法国大革命，这两场有效地将民族概念建构成一种民众集合体的革命，乃是当时无论社会层面还是经济层面最为先进之社会的产物。尽管如此，同样发生在工业革命之前的美国独立战争和法国大革命，资本主要还是以商业资本或农业资本的形式存在。正是基于这个原因，这两场革命中的精英阶级都可以有效地动员城乡的直接生产者。换句话说，主要由工匠和农夫组成的人民大众还站在精英的身后。这是因为，手工工匠和雇佣工人之间的社会分歧尚未产生，一直到后来工厂出现，这才成为一种广泛的社会现实。统治和被统治阶级在观念上可以被归结为一种单一的范畴——爱国主义。那些为了即将新生的美国而战以及在法国为抗击专制主义而战的民兵们皆自称为"爱国者"（patriots），这是一个受到雅典、斯巴达、罗马等古典时代共和国的意象和传说激励而产生的表达。

那么，这种新出现的爱国主义背后的哲学思想是什么？众所周知，它是启蒙运动所代表的理性主义。该主义最雄辩的代表人物——卢梭、孔多塞、潘恩和杰斐逊——诉诸共同理性来对抗传统，诉诸自觉的集体意志来抗拒习惯的惰性。由此，在这个阶段，对于民族最流行的界定在本质上是政治性的——换言之，它是一种"开来"的理想，而非"继往"的遗产。民族乃是自由的公民将要创造的一种事物：在公民做出行动之前，它并非一个久已存在的事实，而是基于"自然"权利而非"人为"特权或限制而产生的一种崭新的共同体。在这个共同体中，自由的定义是公民能够最大限度地参与到公共生活之中。

回顾过去，这种启蒙爱国主义一个最为突出的特点就是它的普世性。通常，它推定文明开化的民族之间的利益存在一种基本的和谐（未开化的民族则另当别论），皆有望彼此携手参与对抗暴君和迷信的战斗。康德在《永久和平论》中抱持的观点最能代表这种乐观的理性主义：君主之间的敌对乃是产生战争的唯一重要因素；一旦共和宪法传播开来，王室的野心将成为过眼云烟，欧洲各族人民之间就不再存在相互争斗的理由。在这个时代，爱国主义和普世主义（cosmopolitanism）的理念齐头并进，毫无龃龉。事实上，不仅在价值观层面，在日常生活与行动中，它们亦能充分地和谐共处。试想一下拉法耶特在美国独立战争和法国大革命当中扮演的角色，或者潘恩在费城为殖民地撰写小册子并在巴黎国民公会作为吉伦特省的代表就足以佐证这一点。在南半球，在北美革命和法国起义影响最为深远的地方，西属南美独立战争中的解放者——玻利瓦尔、苏克雷、圣马丁——在一种地区互助精神的感召之下，不仅为了本民族而战，而且更是横跨南美大陆，为了解放或远在天涯或近在咫尺的土地而战。

第二阶段

拉美的斗争一直持续到19世纪30年代。彼时，在欧洲，具有启蒙运动色彩的爱国主义和普世主义理念因受拿破仑军事扩张思想的侵蚀而被扼杀。在那里，反拿破仑帝国的斗争促使这两种思想走向了反革命的道路：前者变成了保守的、教权主义色彩浓厚的西班牙、德意志和俄国对于法国入侵的抵抗，而后者则演变为复辟时代欧洲君主国之间的国际协作。

尽管如此，在维也纳会议之后，这个世界恢复了原样，神圣同盟守卫着秩序，依然服膺于更为陈旧的原则。与这些仍旧建基于王朝合法性与宗教信念的政权体制相对，不久之后便出现了一种与"爱国主义"截然不同的新鲜事物——尽管多少有点时代误置的意味,我们仍可以在历史上第一次称呼其为"民族主义"(nationalism)。

这是在工业革命渐趋统治世界的时代,在发达程度稍逊于工业革命发源地英国或其波及区域的地方,有产阶级意在定位自身而做出的表达。他们首要热衷于模仿——或者说赶超——当时最先进的工业国。这种新型民族主义主要的活动区域是比利时、德意志、意大利、波兰和匈牙利。它背后的哲学思想来源于欧洲的浪漫主义,其主要的代表人物变成了诗人和小说家——裴多菲、密茨凯维奇、孟佐尼等。通常,他们一反之前的理性爱国主义的主张,转向了对于本国中世纪或前现代历史的迷恋。对于浪漫民族主义,民族最本质的定义不再是政治性的,而是文化性的,其检验标准应当是语言和由祖祖辈辈流传积累下来的手稿。

此等文化特殊性的倡导者是德国思想家约翰·戈特弗里德·冯·赫尔德。尽管19世纪30年代至70年代,兴盛于欧洲的浪漫民族主义改变了早期爱国主义的诸多特征,但两者依然分享着某些重要的共同假设。来自波罗的海区域的赫尔德并没有因颂扬日耳曼文化而贬低相邻的斯拉夫文化,相反他将它誉为一种其自身所有的独特的历史遗产。浪漫民族主义的精神世界不再是普世主义,而是通过承认文化多样性本身的价值来巧妙地捍卫一种修正的普遍主义(universalism)。如果说浪漫民族主义在政治上的第一个成就乃是打破复辟时代之和平的希腊革命和比利时革命,那么它最强有力的表达莫过于1848年所谓的"民族之春"(spring-time of the peoples)。在这一年,一连串的革命起义震撼了整个欧洲,从巴黎到维也纳,从柏林到罗马,从米兰到布达佩斯,都搭起了街垒。这些起义既是国内的动乱,也横跨欧洲大陆传播到其他国家。1848年革命在意大利、德意志和匈牙利可以说是为了民族统一或民族独立的斗争,而它同时也是争取自由的革命遭受失败的一年,更是如《共产党宣言》所宣称的那样社会主义革命运动兴起的一年。

这种交叠绝非偶然。与浪漫民族主义相对应的那些国际主义可以与第一国际产生最大限度的共鸣。如果我们想要知道第一国际与1848年市民起义的社会基础,那么答案其实是相当清楚的。它们的社会基础并不存在于工厂的无产者们,而绝大多数集中于前工业时代的手工工匠身上。这是一个自己占有生产资料——生产工具和生产技能——的阶级,受到较高的教育,往往居住在主要城市中心的附近。最后但却最为重要的是,他们在空间上是可以自由流动的:就此,人们耳熟能详的例子便是彼时年轻的学徒们总要周游列国。1848年的巴黎居住着大约三万名日耳曼手工业者,以至于诗人海涅曾经说过在巴黎每个街角都能听到德国人说话。同年,马克思和恩格斯正在伦敦给在英工作的德国手工业者们撰写他们的宣言(《共产党宣言》)。同样,柏林散布着波兰、瑞士的工匠,而维也纳则栖居着不少捷克或意大利的手工业者。换言之,这是由社会植根性(social rootedness,包括文化自信和强烈的政治意识)与地区间流动性(包括直接经历在国外生活的可能性,以及民族之间的团结感)的矛盾共生所表征的一种结构。这就使得在1848—1849年的街垒中,历史的篇章能够由国内斗争转向国际斗争,而国际斗争进一步发展成社会斗争。

这一转变的代表人物是朱塞佩·加里波第(Giuseppe Garibaldi),其父是一个小渔民,而他本人一开始也是一名水手。他工作的舰船开往黑海,在船上他遇见了一群信奉圣西门的人。这群被驱逐出法国的流放者启蒙了他,使他转向平生第一种政治信念——国际主义思想。在此之后,加里波第成了1848年罗马共和国的卓越军事与政治领袖,书写了意大利统一时期民族主义浓墨重彩的一笔。当共和国失败之后,为了进步事业,他来到拉丁美洲,在巴西和乌拉圭作为士兵战斗了十年。随后,他回国领导了旨在推翻那不勒斯王朝统治的西西里远征,确保了意大利的民族统一。尽管如此,他并未就此停下脚步。在19世纪60年代美国内战期间,林肯邀请他担任北方军的一名指挥官,然而加里波第拒绝了,因为他相当怀疑林肯对于奴隶制的真实态度。在1871年,他接受了一个法国将军的职位,领导军队反抗普鲁士,保卫法兰西第三共和国。同时在国民公会上,他被三个法国城市选为代表。巴黎公社失败之后，他公开声明拥护第一国际。加里波第这个历史人物，象征着这个时期欧洲手工工匠阶级最为高尚的品质：民族主义和国际主义和谐共生，毫无芥蒂。

第三阶段

作为转折，在19世纪60年代末，曾经被有产阶级采用——正如皮埃蒙特地区的情况那般——或操控的浪漫民族主义被他们所抛弃。欧洲的地主和商人们完成了资产阶级革命的最后一个阶段，他们从上到下而不是从下到上进行斗争，运用俾斯麦统一德国的标志性手段：军事化管理和严格的政治控制。在此之后，西方民族主义的主要形式发生了急剧的转变。彼时，在社会想象中长期孕育的沙文主义第一次成了主要工业国家（如英国、美国、法国、德国和意大利）普遍的政治话语与基调。这些国家的首都渐趋成为诸多大企业的集中之地，以之谋求对于国内市场的垄断性控制或者争取对于殖民地的吞并。为新的扩张主义背书的沙文主义明显采用了社会达尔文主义的话语。它的哲学基础并非理想主义或浪漫主义式的，而是本质意义上的实证主义，对于民族的定义也逐渐带有种族的色彩：换句话说，较之以往，这一时期的民族主义明显少了一些理想色彩，乃是文化要素和实体要素的混合物。

将民族之间的关系界定为"适者生存",这种强权国家——或想要成为强权的国家——秉持的民族主义第一次向其他国家或民族公然表达出直接的敌意。这一时期的沙文主义乃是一种充满优越感的帝国主义话语。它具有双重功能。一方面,它能够动员起各个国家的民众,参与到这一时期日趋白热化的帝国主义之间的内部竞争之中。另一方面,恰值选举权开始扩展到涵盖工人阶级的时期,它能够将广大民众整合进资产阶级统治下的政治架构之中。当时盛行的这种沙文主义可以有效抵消由于选举权扩充而引发的冲击,利用民族敌对情绪来转移阶级矛盾所带来的社会紧张。因此,丝毫不会让人感到惊异的是,这一时期选举制改革的设计师往往同时也是这种新沙文主义的鼓吹者——比如英国的迪斯雷利、德国的俾斯麦和意大利的乔利蒂[1]。

如果我们想知道这个时期国际主义的主要形式,答案同样也是相当清楚的:可以从第二国际各社会主义党派身上找到。我们可以首次看到一种与同时期民族主义的主流类型直接冲突的国际主义——不再像以往那般,两者是彼此互补的,现在则是背道而驰的。初看上去,较之第一国际,第二国际拥有一种更为引人注目的结构,包含了更多的党派、成员和真正的产业工人。然而

---

[1] 乔瓦尼·乔利蒂(Giovanni Giolitti,1842—1928),意大利政治家,在1892—1921年间5次担任意大利首相,任职时长仅次于贝尼托·墨索里尼。——译注

外在表象总是具有欺骗性的。事实上，这种新的集合体在社会基础上的改变并没有强化它的国际性。彼时新一代的工业无产者具有一系列典型的特征。在结构意义上，整齐划一的他们较之中世纪的欧洲手工工匠更难以抗拒国家的管制。绝大多数新一代的工人都在乡间的工厂和矿山工作，远离国家的政治中心，诸如英格兰或法国的北部、德国的鲁尔区。他们自己并不占有任何生产资料，且不具备老一辈手工工匠那样高的文化素养和斗争传统。可以说，他们的基本状况与他们的前辈截然相反：地区间的不流动性（territorial immobility）和社会离土性（social uprootedness）的结合。通过将国家形成的"想象的共同体"投射成一股强大的力量，帝国主义收买了大多数的工人阶级，这比马克思或任何一位老一代的社会主义者所设想的更为深入且更加有效。这一致命一击的明证和结果便是欢迎1914年第一次世界大战的那种消极顺从与盲目乐观相混合的民众情绪。当战争开始之时，西欧的各社会主义党派——除了意大利共产党之外——皆背叛了他们最为庄严的诺言，积极投身于民族间的相互杀戮之中。这一走向杀戮的结局，其历史根源并不纯粹在于这些党派领导者的决策问题——尽管他们的决策并不特别光彩——而在于这个时期年轻无产者的社会构造。

第四阶段

如果说帝国主义之间爆发的冲突彻底埋葬了第二国际的矫饰自负，那么战争的结束则再一次标志着新形式的民族主义和国际主义的诞生。在史无前例的经济萧条和危机中，资本朝向更高程度的集中形式迈进。彼时所处的语境已经不再是国际的自由贸易与长期繁荣，而是衰退、贸易保护与自给自足。面对如此情势，一战的战败方或在战争中未达预期的一方，如德国、意大利、奥匈帝国和日本，成为民族主义主要形式的发源地。相应地，法西斯主义成了其赖以崛起的力量。借助的话语并非来自实证主义，而是来自于现代非理性主义——例如法国的索雷尔、意大利的詹蒂莱、德国的尼采以及日本的"国体"学说。法西斯主义最终将整个民族—国家定义为一种生物学意义上的共同体（biological community）：种族本身。以此，民族这一概念当中的理想色彩消失殆尽。在这种意义上，法西斯主义便是加强版的帝国沙文主义——促发民众前所未有的反动狂热。

当然，法西斯主义也具有双重功能。首先，它可以有效煽动下层的民众对抗在一战中获胜的资产阶级，参与第二轮帝国主义之间的大战，并且笃信在这场战争中，当初的失败和失意者将会成为胜利者。在这一点上可以说，法西斯主义意识形态的驱动力就在于有债必偿与有仇必报。同时，在代议民主制已然造成不可逆转之危机的地方,在大多数工人阶级正在转向社会主义革命的地方,法西斯主义成了一种可堪有效吸纳民众的超能机制(super-charged mechanism)。这两种功能存在着紧密的内在联系:正是一战的失败或失望削弱了这些国家资产阶级民主体制的稳定性,才使得诉诸反革命的暴力、并为再打一场相同强度的战争做好充足的准备成为当时的当务之急。法西斯主义的算盘几乎打对了。截止到1941年底,从英吉利海峡到波罗的海之间的欧洲大陆都成了法西斯的天下,而远东的日本占据的地盘更大。法西斯主义的诱惑当然不会只局限在欧亚大陆:在拉丁美洲,当时最重要的三个政治事件都受到了法西斯主义魔力的影响——巴西的"新国家"运动、阿根廷庇隆主义的兴起以及玻利维亚"民族主义革命运动"的诞生。

同时,如果说资本培育下的沙文主义激进化之后演变成了法西斯主义,那么劳工的国际主义在相反方向上也经历了同样激进化的过程。至少有一个国家避免了欧洲劳工运动的道德破产。在1917年,由布尔什维克党领导的工人和士兵在俄国发起了一场社会主义革命。这场革命促生的政权乃是历史上第一个也是唯一一个国名上不涉及任何民族性或地域性指向的国家——国名仅仅是"苏维埃社会主义共和国联盟",没有涉及任何地域或民族。也就是说,苏联的创建者在任何意义上都是国际主义者。受到俄国革命的影响,新的共产党组织如雨后春笋般诞生在世界各地。不久之后，布尔什维克的领导人创立了第三国际，用以统一协调各国此类组织的行动。第三国际与第二国际之间的反差相当巨大。在欧洲，服从第三国际的共产主义党派在坚决反对地方民族主义、反抗本国统治阶级的压迫等方面表现出铁一般的纪律。所有这些皆是因为一战的惨痛经历给整整一代工人阶级民兵留下了血的教训。

尽管如此，凭借可能在"一国建成社会主义"的承诺，斯大林在苏共内部赢得了胜利，这催生了一种崭新的民族主义，用来特指苏联迅速建立起来的独裁统治形式。由此，第三国际很快就转而蜕变成只为苏联利益服务的组织，而这正是斯大林所理解的第三国际。这种民族主义的影响相当可观，它带来了一种空前绝后的国际主义形式，与前者一样深刻而又畸形。典型的体现是，国际主义一度拒绝对于祖国的任何忠诚，而对其他国家则表现出无限的热爱。然而，这样的时代却在西班牙内战时期的国际纵队手中终结了。隐藏在国际纵队背后的乃是从全欧洲乃至整个美洲招募而来的共产国际的特使。英雄主义与犬儒主义的混合，既有无私的团结也有血腥的恐怖，这就是当时的国际主义，前所未有的完美，也前所未有的堕落。

不久之后，伴随二战的爆发，第三国际面临着生死考验。在此关头，所有被纳粹德国侵略的国家——法国、英国、比利时、荷兰和挪威——的共产党皆拒绝支持本国的政府。他们认为此次战争不过是又一场帝国主义之间的内部争斗而已，与民众的利益毫无关系。显然，没有什么立场比这更不得人心、更政治错误的了，毕竟捍卫代议民主、反抗法西斯符合工人阶级的切身利益。当然，这些共产党组织的立场也鲜明地反映出第三国际与第二国际的本质差别。两年后，希特勒入侵苏联。此时欧洲的共产党才开始投身于反抗纳粹的战斗，正如中国和朝鲜的共产主义政党老早之前抵抗日本侵略那样，他们不久便成为反抗德国占领运动的中流砥柱。在这种新的情势下，在他们眼中，帮助"社会主义的祖国"——苏联——的国际主义使命与拿起武器反抗德军的民族主义使命之间，不再具有矛盾：他们将两者合二为一，为之奋斗。在战争最紧迫的时刻，斯大林突然解散了第三国际，官方理由是第三国际已不再符合共产主义运动的现实需要，然而实际上斯大林是为了安抚他的英美盟友。第三国际的解散标志着一个长久存在的历史循环的终结。法西斯的失败和二战的结束引发了民族主义和国际主义的激进化，这种转变不仅发生在欧洲，而且扩展到了整个世界。

第五阶段

到现在为止，本文的分析都集中在欧洲和北美。之所以如此，并非因为这些地方具有什么特别的价值，而是西方的资本主义在世界历史上长期处于统治地位,从美国独立战争、法国大革命一直到经济大萧条和第二次世界大战,概莫能外。在1945年之后,这一切都发生了深刻的改变。彼时,数量更多的群体最终作为中心力量进入了历史的舞台。1945年之后,这一切发生了急剧的变化。当时,人类的大部分最终作为中心力量登上了舞台。在这种情况下,在从1945年到大约1965年的新阶段,劳动和资本跟民族主义和国际主义的相对关系骤然发生了一场惊人的大逆转。回顾过去,我们可以认为这是20世纪最为重要的分水岭之一。在此之前民族主义的主要形式——从启蒙爱国主义的高贵抱负直到法西斯主义的灭绝人性——总是有产阶级的意志表达,而自19世纪以降与之对应的国际主义主要形式——无论具有何种罪恶和不足——皆为工人阶级的意志表达。然而,在1945年之后,这种对应关系——资产阶级是民族的,工人阶级是国际的——土崩瓦解了。被压迫的、饥寒交迫的人民在洲际联合反抗西方殖民主义和帝国主义的过程中,民族主义成了一面流行的旗帜。同样,国际主义也开始改弦更张,在资本的不同层级中孕育新的形式。这注定是一种决定性的转变。

1945年以后,这种在世界范围内成为主流的新型民族主义是反帝国主义的,其主要活跃区域是亚非拉诸国。那么,它的结构特点是什么呢?较之欧洲相继出现的不同民族主义,它在社会上更加异质化。这种由社会各个阶级广泛领导的民族解放运动彼时横扫了整个第三世界。在有的国家甚至由当地资产阶级进行领导——印度便是最重要的例子。在其他国家，这些运动由没有太多原始资本积累的中产阶级所领导，正如在墨西哥或土耳其早先所发生的那样，他们希望在夺取权力之后能够成为真正的资产阶级。而诸多非洲国家发生的运动则更不稳定且更不可靠，那里民族主义运动的领导者往往是原殖民政府的官僚或公务员。在另外一些国家，身处中产阶级下层的知识分子夺取了领导权，比如印尼。如果非得在这一连串伟大暴动的成分复杂的领导层内找出一个主要团体，答案可能是乡村教师。最后但绝非最不重要的是，在一些国家，如中国和越南，共产党人获得了民族解放运动的领导权，推动运动一直向前，以至于成为一场反抗资本的革命。古巴革命则是后两种情况的混合。

　　战后反帝主义的哲学基础是什么呢？整体而言，其来源比较混杂。正如不同民族解放运动的领导阶层社会成分不一那样，它们的意识形态话语也是纷繁驳杂的：能够在最大限度内同时利用理性主义、浪漫主义、实证主义以及非理性主义等诸多不同的思潮。土耳其的凯末尔主义、印尼的苏加诺主义以及墨西哥执政党的来源驳杂的意识形态，皆是如此。很多早期的思想经过一番整合或重塑，改头换面地重新出现。尽管如此，这种反帝主义最大的特色就在于不仅能够利用古典资产阶级思想脉络中具有不同根源的意识形态，而且亦能借鉴启蒙运动之前和后资本主义时代不同的信念体系——换言之也就是宗教思想和社会主义思想。借鉴宗教思想的例子包括伊朗伊斯兰革命，而借鉴社会主义思想的例子则有尼加拉瓜的桑地诺主义。这种反帝主义的群众基础又是什么呢？从数量说，农民是它最重要的参与者。这个时期所有的共产主义革命——从亚洲的中国、越南直到欧洲的南斯拉夫——皆可得出如此判断。在本质上，这些革命与之前的俄国十月革命截然不同。他们都高举民族主义的大旗获得成功，而列宁领导的俄国革命在胜利之时并没有任何民族主义的意味。

那么，与此同时资本主义阵营又发生了什么呢？在1945年之后，资本主义阵营出现了以下几点新的形势。首先，二战之后，美国在资本主义世界获得了空前的领导地位。德意日战败，国家满目疮痍，而英法国力衰弱。较之19世纪的大英帝国，此时的美国在资本主义世界起到了大得多的决定性作用。第二，俄国不再是世界上唯一一个推翻资本主义统治的国家了。在战乱中心之外出现了一个广阔的地带——一半的欧洲和三分之一的亚洲——那里的国家废除了生产资料的私有制。世界上出现了一个可以威胁资本主义生存的共产主义阵营。鉴于这种形势，一种新的资本国际主义应运而生。资本主义国家的内斗一度引发了两次世界大战，现在已然偃旗息鼓。单一敌对霸权的存在使得资本主义国家整合彼此间的利益成为可能。共产主义阵营的出现必然让资本主义国家联合起来。

资本主义国家展开了一系列经济、意识形态和战略上的联合，首先是布雷顿森林货币体系，其次是分别重建欧洲和日本的马歇尔计划和道奇计划，然后是建立北大西洋公约组织、签署《关税与贸易总协定》，最后是在美国支持下建立了欧洲经济共同体。这种国际联合的趋势经历了从自由贸易的普遍恢复到在欧洲共同市场内部公开地尝试超越国家主权的转变。两次世界大战之间的那种趋势戏剧性地被逆转了，出现了资本主义历史上从未发生过的事。如果非得给这种国际联合的趋势命名的话，不妨暂时称其为"超民族主义"（supra-nationalism）——一方面指美国超越其他国家、高高在上的地位，另一方面也指西欧超越国家主权，出现了欧共体。这种趋势带来的是发达资本主义国家主流意识形态的转变，之前的民族国家变成了现在的自由民主体制，成为西方超越阶级、整合劳动者的一种主要话语策略。现实的合法性不再来源于民族国家的统一——在二战时期，这种观念曾被各国在各个领域贯彻始终——而是源自议会民主制。在冷战时期，西方国家的官方意识形态不再着眼于对捍卫民族—国家的赞扬——在两次世界大战期间，这种观念皆是各国秉持的最高价值——而变成了对"自由世界"的称颂。与此同时，建立在普选基础之上的代议民主制第一次广泛、有效地被认定为发达资本主义国家的标准模式。在实质意义上，这一现象可追溯到20世纪50年代。

第六阶段

从 20 世纪 60 年代中期起,情况又发生了意义深远的转变。在发达资本主义国家,一系列结构改革改变了国家与市场之间的关系。伴随战后重建的完成,德法意尤其是日本的经济发展速度超过了美国。而到了 70 年代中期,布雷顿森林体系已然成为过眼云烟。与此同时,往往立基于一国但将业务范围扩展到国境线之外的跨国公司,较之以往变得愈加强大和富有侵略性。这使得政府采用早期方式对资本积累过程进行控制变得日趋捉襟见肘。相伴而至并更具有决定意义的是,金融市场能够超越任何传统的国内监管机制,进入到更大规模的洲际之间的资本投资与投机循环之中。这就是说,德日资本主义恢复元气并不意味着重演两次世界大战之间所出现过的帝国主义之间的激烈冲突。事实上,回到那个遍地是关税壁垒和军备竞赛的世界已经不再可能,此时资本主义主要国家实施了较之以往更高层次的政策协调。欧共体朝向一个单一的市场而努力,并最终实现了货币统一,甚至还拥有了一个很弱小的欧洲议会。美国、日本及其他强国召开各种会议,签订各种协议,以便对世界资本主义经济的起伏进行联合调控。到了 20 世纪 70 年代末,七国集团首脑会议的时代来临了,考茨基所说的"超帝国主义"概念在现实中得以成形。

同样,为了与之前的国际主义区分,我们可以将 20 世纪最后十几年出现的这种以资本为主要特色的新型国际主义称为"跨民族主义"(transnationalism)。所谓的跨民族具有双重意味：一是指将从大西洋直到太平洋的三大资本集中区域整合为单一契约的制度性连接；二是指能够超越传统国界、正在不断崛起的跨国公司和跨境资本投资。在意识形态上，这段时期的官方话语不仅没有抛弃、反而强化了民主对于国家价值的优越性——尤其是过去曾与"自由世界"的修辞形成强烈反差的地中海独裁国家，如西班牙、葡萄牙和希腊，此时它们已然实现了"远程遥控"的民主化，这就使得这套意识形态话语变得更加具有说服力。

同时，在发达资本主义国家之外，到了20世纪70年代，反帝主义已然丧失了它的冲击力，不再是民族主义的主要形式。在世界各地，重大战争仍频频发生，然而越南革命迟来的胜利和葡萄牙殖民帝国的解体却更像标志着一个早期时代的终结。在亚洲与非洲的大部，去殖民化已然成为既定事实；在拉丁美洲，古巴打破封锁的尝试宣告失败。南非、巴勒斯坦以及中美洲国家依然继续在进行争取民族解放的斗争，但它们已经不再具有世界战略上的重要意义。彼时民族主义的另一个显著特点已经逐渐成形。在欧洲反抗法西斯战争进行到白热化之际，斯大林埋葬了第三国际，通常由本国共产党在欧亚两大战场分别抗击德日侵略的民族解放事业与保护苏联的斗争直接融合在了一起。在反抗法西斯的战争之后,在欧亚大陆内部出现了一个庞大的共产主义阵营,然而其各组成部分的历史成分却相当复杂,形态各异。通过军事手段,斯大林在大部分东欧国家——波兰、匈牙利、罗马尼亚、捷克斯洛伐克和东德——从上到下强加了一套共产主义政权,创造了一批保障苏联利益、服从苏联意志的仆从国。而在南斯拉夫、阿尔巴尼亚、中国和越南,本土革命则取得胜利,建立了完全独立自主的共产主义政权。尽管如此,领导这些革命的政党,无论在纲领还是信条上皆深受斯大林创设的第三国际之影响。

当这些政党活动于地下、屡被禁止、备受迫害之时,斯大林主义最根本的意识形态——"一国建成社会主义"的信条——使得它们能够无条件地忠诚于苏联。然而合理却又讽刺的是,一旦它们掌握政权,同样的信条却产生了截然相反的结果:当非俄国人领导的政党夺取本国政权之时,它们却与苏联产生了尖锐的冲突。事实上,民族神圣感和自豪感不再只是斯大林的特权,斯大林及其继任者的傲慢往往使得其他政党也产生了同样的民族感情。共产主义国家的增多造就的结果便是加速了传统共产主义运动中国际主义的瓦解。第一个与苏联产生冲突的是南斯拉夫,随后是阿尔巴尼亚与南斯拉夫之间的冲突,两者之间其实早在20世纪40年代末就已产生了分歧。接下来便是中国与苏联在20世纪60年代初的决裂,继而升级为两个大国之间的边境冲突,这使得共产主义阵营内部的团结化为泡影。经历多次波折之后,形势继续恶化，以至于共产主义国家之间连续爆发了直接的战争：先是越南入侵柬埔寨，然后是中国与越南之间的战争。当历史行进到20世纪70年代后期时，世界上主流的民族主义形式已经演变成共产主义国家之间兄弟阋墙。

列宁主义传统惊人的内卷化，恰与资本主义国家的演变背道而驰。这种情况的历史根源究竟在何处呢？在我看来，主要是因为两种内在相连的作用力。首先，最明显的是，各自为政的民族主义的爆发在很大程度上导源于相对落后的生产力：共产主义阵营的生产力在客观上不如资本主义阵营的生产力那样国际化，而这种民族主义转而又扼杀了所有赶上西方的可能性。由此造就的直接后果是，经互会（COMECON）令人惋惜地衰落了，而欧洲的共同市场却茁壮成长。那么，在这种饱受约束的经济基础之上产生了什么样的政治、意识形态上层建筑呢？在发达的资本主义国家，自由民主逐渐取代了民族主义，成为证明社会秩序合法性的最佳手段以及整合民众的最佳机制。然而在许多共产主义国家，社会主义民主却并未成功地确立起来。在这种情形下，当局拥有诉诸民族主义的更强动力，将其作为把人民纳入政治统治结构的替代性手段。

在一段时间内，这种做法在苏联、中国、南斯拉夫、阿尔巴尼亚以及越南或多或少会起到一些作用。这些国家的执政党独立完成了本土革命，使得它们创建的国家能够以可信的方式主张民族层面的有效性（validity）。然而，大多数东欧国家的共产党政权却缺乏这样的合法性。尽管它们大打民族牌——罗马尼亚便是最具有代表性的例子——然而民众已经不再相信。鉴于这些政权皆是在红军的压力之下于1945年所建立，所以它们只能依靠在此之后苏联不断的武装干预才能够得以存活，比如1953年的东德、1956年的匈牙利以及1968年的捷克斯洛伐克。不仅缺乏任何形式的大众民主，这些国家的民族感情还被彻头彻尾地侮辱了。它们是共产主义阵营里与资本主义最近、最能感受到其经济活力的地方，因而最能体会自身与对方的差距。在这种意义上，1989年的东欧剧变其实早已蓄势待发。它的余波极大地动摇了两个在历史上更具有合法性并与之相邻的共产主义联盟国家：苏联和南斯拉夫。日益深化的政治与经济危机而引发的分离主义纷纷觉醒，两者都随之被卷入到无法抗拒的分裂浪潮之中。在新世纪伊始的今天，世界上民族主义最为突出的形式是什么？许多人给出的答案可能是后共产主义分离模式所引发的冲突，只不过这种类型已经波及整个后殖民世界：从巴尔干到高加索，从非洲之角到五大湖区，乃至从克什米尔到棉兰老岛。

第七阶段

既然如此，那么今日世界国际主义最主要的形式又是什么呢？社会主义阵营的瓦解、真正全球霸权的首次出现以及美国的权力达到以往所有国家都没想象过的高度，皆与国际主义最近的变化相伴而生。在传统话语中，无论如何设想，国际主义总是民族主义的某种相反版本。然而从 21 世纪头两年开始，国际主义这个术语在美国却拥有了另一个完全不同的反义词：孤立主义。这一对反义词清楚地指出了它们共同的假设——民族利益作为这两种主义的基础——不再是重点，重要的是如何实现民族利益。在美国人的意识形态中，他们的合众国既普世又独一无二：在制度和天然条件上的好运，合众国独一无二；而在其光芒四射和令人仰慕的能力上，合众国堪称典范。这创造了一种奇异的结合，深藏着这一对反义词的历史根源。这是一种具有两面性的救世主思想，既包括对于祖国狂热的崇拜，也包括传教士般拯救世界的使命。或许采用一种更为现实主义的说法来讲，这是外交意义上两者的混合物。在这种传统的二元话语下，国际主义一词总是充满荣光。但在实际上，国际主义通常不过是美国肆意推行扩张主义政策之时所秉持的自鸣得意的托词。正如孤立主义从来就不意味着是对门罗主义——意味着美国对于西半球的掌控——丝毫的减损那样，从一开始，美国版本的国际主义只是意味着准备好将美国势力拓展到欧亚大陆，如威尔逊起于墨西哥终于俄国的调停，这个逻辑从一开始就建立了。

在大半个世纪的时间里，这种国际主义不过是一种怪异的内政话语，与国境之外瓜葛甚少。尽管如此，时至今日，已无任何势均力敌之对手、独孤求败的美国霸权第一次可以将它的自我认知强加给整个世界。联合国成了一个幌子，美国的意志随之乔装打扮，以追求"共同繁荣圈"这种日本帝国时代话语之面目重新出现在世界上。现在，无须援引联合国秘书长毫无虚情假意的奉承演讲、北约傲慢自大的公报，也无须阅读《纽约时报》说教式的社论，更不需要如今让人安心的晚间新闻报道，美国的同义词已经变成了"国际社会"（international community）本身。在这种意义上，国际主义不再是冷战时期的一项负面任务——资本主义列强协同在美国的领导下对抗一个共同的敌人——而成了一个正面的理想：重建美国心目中的世界。"自由世界"胜利的大纛已经缓缓落下，取而代之，冉冉升起的则是人权的旗帜：首要保障国际社会享有封锁、轰炸、入侵那些不讨它们喜欢的民族或国家——古巴、南斯拉夫、阿富汗和伊拉克——的权利；同时保障国际社会享有培育、赞助并武装那些迎合它们的国家——土耳其、以色列、印度尼西亚、沙特阿拉伯——的权利。然而，假若我们可以惋惜在不久之前的时光，那时候的资本主义文明较之"持久自由"（Enduring Freedom）时代还没有那么多伪善，那么就没有理由认为国际主义含义的发展之路就到此为止。国际主义的历史充满讽刺、曲折和惊奇。我们这一代绝不会见证它的终结。

评论与回应

清华大学人文与社会科学高等研究所崔之元教授做了简要的评论。他指出，作为第四阶段的补充，有必要注意共产国际在中国民主革命中的影响。今日党代会闭幕时仍奏国际歌，就是这种影响的余绪。中共早期革命活动首先是共产国际的分支，长征最初的目的地之一是靠近苏联的新疆，转进陕北有其偶然性。而在二战全面爆发、在英美介入抗战之前，苏联与国、共两党都有联系，并为国民政府提供军事援助。因而，苏联及其领导的第三国际，在中国革命中的影响十分直接和显著。也就说明，第五阶段的一些特征在第四阶段即有体现，世界各地的国际主义进程在时间上是不平衡的。

同时，崔之元还对安德森所述的第一国际的国际主义表示了特别的关注，那一时期欧洲的手工业者既植根于本地社会，又具有跨国流动性。崔之元提醒我们注意信息化背景下国际主义新的表现形式。他举出 ICANN（The International Corporation of Assigned Names and Numbers，一个负责在全球范围内分配互联网地址与域名的非营利性国际组织）作为例证，认为在信息化和全球化环境中，许多重要资源开始脱离大国控制而呈现出中立化和自主化的倾向。

安德森基本同意崔之元的看法，并补充了一个实例：孙中山在逝世之前没有明确指定政治继承人，其原因之一，可能是需要考虑作为革命重要支持者的苏联的态度，苏联参与中国民主革命的程度是极深的。同时，安德森在将自己关于"'一国社会主义'与跨国主义"阶段的理论具体化到新中国与美国的接触与建交问题上时，指出：虽然中国作为更独立的社会主义国家，有独立于苏联的国际策略，但中国的外交方略仍体现了鲜明的阵营之见。中美虽然在延安时期就有接触，陈毅等领导人甚至认为美国人比苏联人更坦诚，更容易交往，但毛泽东始终认为，与美国接触甚至建立外交关系，乃是权宜之计，阵营之间的区别是比一时的国际态势更为根本的问题。但这种权宜之计如何在后来转变为一种稳定的政策，则是值得思考的问题。但对 ICANN 是否正在成为中立化和自主化的机构，安德森表示了怀疑态度。

（整理：张翰天）

国际法：它是国际的吗？它是法吗？

吴　双 译　魏磊杰 校*

我今天要谈的主题包括两个方面。首先，我将就国际法作为一门学科或者一个概念的起源谈几点看法。然后，我将就国际法的本质，无论在过去还是当下，稍作评论。作为一名历史学家，我对将要谈到的某些问题可能不如在座的法学专家那样在行表示歉意。不过，我希望我能以不太一样的方式处理这些问题。

首先让我们谈谈一个悖论。当代的国际法概念会让人立刻想到主权国家间关系的思想。在西方，一般认为，终结了欧洲三十年战争的1648年《威斯特伐利亚和约》，标志着主权国家间关系第一次发展成正式的体系。因此，假定正是在这个转折点，出现了一套成熟的国际法思想，似乎就是符合逻辑的了。然而，《威斯特伐利亚和约》的智识遗产事实上相当稀薄。我们找不到当时有哪位思想家是受到《威斯特伐利亚和约》的激发而写出重要的国际法著作的。这并不意味着国际法必须要等到更晚的18世纪才能成形。毋

---

* 吴双，北京大学法学院法学理论专业2016级博士生。

宁说，如果我们想要精确地定位国际法的起源，就应当回溯到更早的 16 世纪。国际法的起源正是在那时，在西班牙神学家弗朗西斯科·德·维托利亚（Francisco de Vitoria）的著作里。维托利亚的关切并不在于欧洲国家之间的关系——当时的西班牙可以说是最强大的欧洲国家——而在于欧洲人，当然主要是西班牙人，与新发现的美洲新大陆原住民族之间的关系。借助一个罗马法概念"*ius gentium*"或曰"万民法"（law of nations），维托利亚问道：西班牙人是依据什么权利去占领美洲大陆的大片土地的呢？是因为那些土地尚属无主土地，还是因为教皇把那些土地划给了西班牙？抑或，西班牙人有义务让异教徒皈依基督教，如有必要甚至不惜诉诸武力？维托利亚否定了所有以上观点。那么，这是否意味着西班牙人的征服行为违反了万民法？答案是没有违反，因为野蛮的美洲原住民侵犯了到达美洲的西班牙人的"沟通权"（right of communication／*ius communicandi*）——这是万民法的基本权利之一。这里的"沟通"（communication）意味着什么呢？它意味着迁徙自由与买卖自由，换言之，进行贸易与传教的自由；也就是说，向印第安人（Indians，当时西班牙人这样称呼美洲原住民）宣讲基督教真理的自由。由于印第安人抗拒了这些权利，所以西班牙人就有正当理由使用武力捍卫自己，他们可以建立堡垒，占领土地，发动报复战争，不一而足。因此，西班牙人对美洲的征服是完全正当的。

故而，此后仍将延续两百年的万民法的第一块基石，是为西班牙帝国主义辩护而奠下的。万民法的第二块,也更有影响力的基石,则是胡果·格劳秀斯17世纪早期的著作奠下的。尽管在今天,格劳秀斯主要是因为其1625年的《战争与和平法》(The Law of War and Peace/De iure belli ac pacis)而被铭记与钦佩,但他第一部涉足当今意义上的国际法的著作实际上是比《战争与和平法》早了二十年的《捕获法》(On Booty/De iure praede)。在这篇文献里,格劳秀斯论证了一名荷兰东印度公司船长(也是格劳秀斯的表亲)捕获一艘满载铜、丝绸、瓷器以及银等价值三百万荷兰盾财物的葡萄牙商船的法律基础。这个数字相当于当时英格兰一年的财政收入,因而这是一次规模空前的海上劫掠事件,在欧洲引起了轩然大波。格劳秀斯解释道,公海应当被视为不仅是国家,而且也是武装私人公司的自由区域,因此他的表亲完全有权实施劫掠行为,由此为荷兰的商业型帝国主义(commercial imperialism)提供了合法理由,正如维托利亚为西班牙的领土型帝国主义(territorial imperialism)所做的辩护那般。当二十年之后格劳秀斯着手写作《战争与和平法》时,荷兰也开始对陆地殖民扩张产生兴趣,它从葡萄牙手里夺走了巴西的部分土地。此时的格劳秀斯主张,即便欧洲人没有遭到原住民族的攻击,他们也有权向其风俗被欧洲人视为野蛮的任何民族发动战争,以惩罚他们对自然所犯之罪行。这便是所谓的"剑之权力"或曰"惩罚权"(*ius gladii*/right of the sword/right of punishment)。他写道:"国王以及那些拥有同等权力的人不仅有权惩罚对其自身或其臣民造成直接损害的行为，同时还有权惩处那些对于其他国家及其臣民犯下的、严重触犯自然法和万民法的行为。"[1] 换言之，格劳秀斯为欧洲人攻击、征服、杀戮任何胆敢抵抗欧洲殖民扩张的民族颁发了许可证。

在早期国际法的两块基石"沟通权"和"惩罚权"之外，欧洲人又为自己对其他地区的殖民扩张提出了另外两项理由。托马斯·霍布斯从人口学的角度主张，欧洲本土的人口太多，而欧洲以外地区的人口却很少，因此移居到那些渔猎采集部落居住的土地之上的欧洲人，尽管无权灭绝这些部落，但却拥有压缩后者的居住范围、夺取所发现的一切的权利。这无异于后来北美印第安人的保留区。显然，如果土地可以直截了当地被视为无主地，就连这也省下了。对于这种被广为接受的观点，约翰·洛克进一步补充道，如果某地有原住民，但他们未能充分利用他们居住的土地，欧洲人就有权剥夺其土地，这样就实现了上帝创造土地的目的：增加土地的产出率。由此，到17世纪末，欧洲帝国主义扩张正当性的理论拼图就完成了：沟通权、惩罚权、移民权（rights of immigration）和生产权（rights of production），共同证成了欧洲对

---

[1] 此段译文参考：格劳秀斯：《战争与和平法》，何勤华等译，上海人民出版社，2005年，第305页。——译注

于世界其他地方的占领。到了 18 世纪，尽管欧洲国家之间的关系开始成为万民法新的"理论前沿"，尽管有狄德罗、亚当·斯密、康德等启蒙思想家质疑这种世界观的道德性，但却没有任何人提议逆转欧洲人对于欧洲之外土地的殖民掠夺。典型的就是当时最有影响力的新著，瑞士思想家瓦泰勒（Emer Vattel）的《万国法》（*Le Droit et des Nations*[1]），他在该书中冷酷地宣称："地球属于全体人类，它的用途就是给人类提供生存必需品；如果一个国家从一开始就决心占据一大块土地，而它的人民只通过狩猎、捕鱼和采集野果为生，那我们的地球连当今全世界人口的十分之一都养活不了。因此，人们压缩印第安人的生存空间并没有违反自然法。"

法国大革命与拿破仑时代欧洲内部爆发的激烈争斗带来了两个重大变化，其一即后来所说的"国际法"（international law）——这个术语是杰里米·边沁于 18 世纪 80 年代创造的，并逐渐被采用——取代传统上的万民法。在 19 世纪 20 年代，维也纳会议第一次引入了一个欧洲国家内部的正式的等级制，即享有特权、能决定欧洲大陆版图划分的五大强国（英国、俄罗斯、奥地利、普鲁士和法国）与其他国家之间的等级区分，这就是所谓"五强共治"格局。这一创新举措是为了确保那个击败了拿破仑并在整个

---

[1] 此处系作者笔误，瓦泰勒作品的题目为 "Le Droit des Gens"，清末译为《万国法》。——译注

欧洲复辟了君主制的反革命同盟的团结一致，然而这个同盟存续的时间却比复辟时代本身更长。到 19 世纪 80 年代，著名苏格兰法学家詹姆斯·洛里默（James Lorimer）评论道，国家间的平等"到现在可以说已经被历史否定了，正如它总是被理性否定一样"，它是一个"比人人平等更显而易见的谎言"。

第二个重大变化是欧洲帝国主义入侵和交锋的对手，不再是虚弱的游猎采集部落或者缺乏火器的国家，就像维托利亚、格劳秀斯、洛克或者瓦泰勒在他们的著作里经常提到的那些美洲部落或国家，而开始遇到强大的亚洲帝国以及其他发展程度更高、更能抵御入侵的国家。当然，帝国主义浪潮在拿破仑战争时期就已经开始了，当时英国夺取了莫卧儿和马拉地王朝治下的印度，法国占领了奥斯曼帝国统治的埃及。1815 年之后更是进一步升级，对中国发动鸦片战争，渗透日本，征服缅甸、印支半岛、今天的印度尼西亚大部，更不用说整个北非沿海地带以及对阿富汗的反复入侵等等。

应该如何划分和处理这类国家呢？它们享有与欧洲列强同样的权利吗？为了回答这些问题，"文明标准"（standard of civilization）学说诞生了。只有那些被欧洲列强认可为"文明的"（civilized）国家，才有资格得到欧洲列强的平等对待。正如现今在欧洲国家之间的礼仪中存在等级制一样，未开化世界也被划分为不同的类别。洛里默对此学说进行了最成体系的论证，并由此成为当时国际法著作的通说。三类国家不满足文明的标准。首先是犯罪国家（criminal states），就像今天的"法外/流氓国家"（outlaw/rogue states），例如巴黎公社或者不宽容的穆斯林社会。其次是既不违犯也不体现欧洲文明准则的国家，例如中国、日本。第三种是太过衰朽或者太过原始而被视为不具有责任能力的国家，好比今天的"失败国家"（failed states）。所有以上国家都不属于国际社会的合格成员，但如果欧洲列强在第二类国家的国土内获得治外法权，仍然可以与之建立外交关系。

到世纪之交，四个亚洲国家，中国、日本、暹罗和土耳其，从第二等级"毕业"，与二十个欧洲国家、美国以及墨西哥一道，受邀参加1899年由俄国沙皇召集的第一次海牙和平会议。这意味着新的地位平等吗？在1907年西奥多·罗斯福召集的第二次海牙和平会议上，参会国家扩大到中南美洲的共和国以及波斯、埃塞俄比亚、阿富汗等君主国。会议的关键提案是创设一个国际仲裁法庭。问题是，哪些国家可以成为成员国呢？美国和欧洲列强理所当然地认为，它们应当担任常任理事国，其他国家仅能轮值。令它们既惊讶又恼火的是，巴西代表、杰出的思想家和政治家路易·巴尔博萨[1]强烈主张各主权国家一律平等，并从一名欧洲观

---

[1] 路易·巴尔博萨（Rui Barbosa, 1849—1923），巴西外交家、作家与法学家，曾担任巴西众议员、参议员、财政部长和外交官，曾在1910年、1914年与1919年三次竞选总统，均未获成功。——译注

察家所称的"弱小国家的暴民政治"(ochlocracy of smaller states,古希腊用语,意指"暴民统治")中获得启示,坚持要求法庭必须给予与会国家平等的而非分等级的代表权。列强自然予以拒绝,于是会议无果而终。会议哪怕在名义上增进国际和平的目标也归于徒劳,这一点随着七年之后第一次世界大战的爆发而变得愈加明显。

一战结束之后,战胜国英、法、美召集凡尔赛和会,商讨对德媾和条件、重划东欧地图、肢解奥斯曼帝国,以及创立一个新的致力于"集体安全"的国际机构——"国际联盟"(League of Nations),以确保国家间的持久和平。在凡尔赛和会上,美国不仅将巴尔博萨排除出巴西代表团,而且将门罗原则——华盛顿傲慢地假定其对拉丁美洲的支配——作为一种保障和平的手段纳入国联公约(或宪章)。尽管美国参议院最终否决美国加入国联,但新组织的设计忠实地反映了第二次海牙会议上三大战胜国提出的要求,国联的执行委员会——联合国安理会的前身——由四个一战获胜方英、法、意、日控制,它们效仿了美国在海牙会议上提出的模式,担任常任理事国。面对这一公然强加的等级秩序,阿根廷一开始就拒绝参加。几年之后,当巴西要求给予一个拉丁美洲国家常任席位遭到拒绝时,也退出了国联。到30年代末,不少于八个其他大小拉美国家皆退出了国联。当时主要的且至今仍在广泛使用的国际法教科书的作者拉萨·奥本海(Lassa Oppenheim)

和赫希·劳特派特（Hersch Lauterpacht）不为所动，在书中满意地宣称"列强是国际大家庭（Family of Nations）的领袖，过去万民法的每一次进展都是它们政治霸权的产物"，这在国联中第一次获得了正式的"法律依据与表达"。劳特派特是一位热忱的犹太复国主义者，就其造诣而言，过去一个世纪没有哪位国际法学者能出其右，在20世纪仍是一位自由主义法学的标杆型人物。而他那位同样高风亮节的同事阿尔弗雷德·齐默恩（Alfred Zimmern），作为国联的另一位智识奠基人，则更加现实，他曾无意间坦承，国际法只不过是"首脑们方便行事的装饰品"，它只有在"体现了法律与力量的和谐联姻"时才最有用。

  以上就是两次世界大战之间的情形。第二次世界大战带来了一种新的安排。欧洲大陆化为废墟，负债累累，欧洲的霸权一去不再复返。1945年，联合国在旧金山成立，国联遗留的等级制原则被新的安全理事会保留下来，其常任理事国被赋予相较于国联执行委员会的先辈们更大的权力，因为它们现在拥有否决权。但西方对特权的垄断被打破了：苏联和中国与美国以及遭到削弱的英国、法国一道，成为常任理事国，并且由于接下来二十年里去殖民化进程的加速，联合国大会变成了让霸权国家及其盟友们越来越不自在的决议和诉求的论坛。纵览1950年的国际场景，在其富有洞察力的经典著作《全球规治：作为欧洲公法的国际法》（*The Nomos of the Earth in the International Law of the Jus Publicum*

Europaeum）中，卡尔·施米特指出，在 19 世纪，"国际法概念具体来说就是欧洲的国际法"，"诸如人道、文明、进步之类的全球范围的普遍概念也是如此，这些概念决定了外交官们的一般理念、理论和词汇。整幅图景骨子里是欧洲中心主义的：人道，首先被理解为欧洲式的人道；文明，不言而喻，仅仅指欧洲文明；进步，则意味着欧洲文明的线性发展"。但是，施米特继续写道，"欧洲不再是地球的神圣中心"，并且对"文明和进步的信仰已经变得徒具意识形态的外表"。现今，他得出结论，昔日欧洲中心主义的国际法秩序渐趋消亡。与它一道，旧的全球规治正在逝去，它诞生于童话般出人意料的对于新世界的发现——一个不可重复的历史事件。国际法从来都不是真正国际的。它自诩普适，实则特殊；假人道之名，谋求帝国拓殖之实。

1945 年之后，正如施米特所说，国际法不再是欧洲的产物。但欧洲无疑并未消失。它只是臣服于自己的另一个海外延伸——美国。这就提出了一个问题：1945 年之后的国际法在多大程度上，不再是欧洲，但仍然是以超级大国美国为首的西方的产物？我请诸位思考这个问题的答案，但请允许我转向我一开始提出的另一个问题：不是国际法的起源，而是国际法的本质。对 16 至 17 世纪的第一代理论家而言，答案很清楚：万民法建立在自然法基础之上，自然法则是上帝颁布的法令，凡人不得质疑。换言之，基督教的神是其法律命题客观性的保证。到 19 世纪，欧洲文化世俗化程度的加深削弱了国际法的宗教基础的可信度。代之出现的是如下主张，即自然法仍然有效，但不再是神的训令，而是所有人类都可以也应当承认的普遍人性的表达。然而，这一观点由于人类学和比较社会学学科的发展而变得问题重重。这些学科表明，历史上和世界上的人类习俗与信仰极端多样，很难轻易断定有何"普适性"（universality）。但如果无论是神还是人性都无法为国际法提供可靠的依据，那么到底该如何看待国际法的本质呢？

要回答这个问题，必须首先回答一个前置问题：法律的本质是什么？17世纪最伟大的政治思想家，或许也是有史以来最伟大的政治思想家托马斯·霍布斯在其1668年的巨著《利维坦》拉丁语版中给出了一个直截了当的答案：不是真理，而是权威创制了法律（*auctoritas sed non veritas facit legem*），或者用他在别处的话说，无剑的法律不过是废纸。这就是事后逐渐为人所知的"法律命令说"（command theory of law）。两个世纪之后，这一理论成了一位思虑清晰的保守主义者——约翰·奥斯丁（John Austin）——著作的核心。他极端推崇霍布斯，认同"每一条法律皆是一项命令"，并看到这一理论对于国际法究竟意味着什么。此人也是边沁的朋友和信徒，他得出结论："所谓万民法，由国家间一般存在的意见（opinions）或曰情感（sentiments）构成。因此国际法严格来说并不能称为法……因为由一般意见设定的法律会带来一定的后果，即缺乏确定的、可指派的针对未来违反者强制实施该法律的执行者。"这里的关键词是：缺乏确定的、可指派的执行者。为什么会这样？奥斯丁继续写道："国家之间的法律并不是实在法；因为每个实在法都是由一个特定的主权者针对一个或一群隶属于立法者的人制定的"，但由于在主权国家构成的世界上"没有哪个最高政府隶属于另一个最高政府"，因此万民法"就这些表述公认的词义而言，既缺乏制裁，也不强加义务。而一项制裁恰当说来是一条命令必须附加的恶"。换言之，由于缺乏任何确定的裁决或者执行的权威机构，国际法不是法，而只不过是意见。

这曾经是，也许仍然是一个让当今抱持自由主义世界观的绝大多数国际法法学家和律师们——他们是该行业的主导建制——深感震惊的结论。人们容易忘记的是，19世纪最伟大的自由主义哲学家约翰·斯图尔特·密尔同样持此等观念。密尔两次评论并赞同奥斯丁的法理学讲座，并回应了对于短命的1849年法兰西共和国外交政策的抨击，当时法兰西共和国正在为遭受叛乱的波兰提供援助并与其休戚与共。他写道，什么是万民法？如果叫它法律，那是对"法律"这个术语的误用。万民法不过是"万国习惯"（custom of nations）。密尔问道，在一个进步的时代，这些习惯是唯一没有改进的习惯吗？当周围一切都是可变之时，只有它们将继续保持固定不变吗？相反，他以一种马克思肯定会欣赏的精神有力地做出断言："立法机关可以废除法律，但没有一个万国议会可以撤销国际习惯，也没有赋予这种议会决定以约束力的共同力量。国际道德的改善只有通过一系列对现存规则的违反才能实现……当只有习惯时,更改它的唯一方式就是违反它。"

在国际法不过是各国政府用以为自己的行为进行辩护的言辞工具之时代(那时国际法还缺乏制度的维度,也不存在国际法律师),密尔乃是出于一种革命的团结(revolutionary solidarity)精神进行写作。在19世纪80年代,英国首相索尔兹伯里可以直言不讳地告诉议会:"在法律这个词通常被理解的层面上,国际法还不存在。这大体取决于教科书作者们的偏见。没有裁判机构去执行它。"然而,一个世纪之后,制度化已经成果斐然:《联合国宪章》、联合国国际法院、一群职业的国际法律师以及一个生机勃勃的国际法学科。不过,这些都不足以动摇奥斯丁的断言以及密尔从中所做出的推论。在此新的紧要关头,卡尔·施米特,这位自由主义思想家的对手,再次指出了他们观点的持续有效性。在一系列对国际联盟及其国际法院自我标榜的严厉批判中,施米特展示了,他们声称维护的无偏私法治总是不确定的(正如奥斯丁预测的那样),而且不止如此;它的内容是不确定的,如凡尔赛和会上战胜国强加于德国的完全漫无边际的赔偿要求;它的执行也是不确定的,用奥斯丁的话说是"无法指派的"(unassignable),其执行完全取决于控制国联及其国际法院的大国的决定;英国和法国援用"不干涉"理论确保法西斯在西班牙的胜利,是这种不确定性的又一个经典案例。塔列朗的名言,"不干涉是一个形而上学的概念，它或多或少就意味着干涉"，则是所有例证中最有说服力的一个。1918年以后逐渐形成的国际法，其本质在于施米特指出的根本上的歧视特征，而我们至今仍然生活在它的某种演化版本中。支配整个体系的自由主义强权发动的战争是维护国际法的无私警察行动，而其他国家发动的战争则是违反国际法的犯罪行为。它们禁止别人做的行为，自己却径行不误。他指出，历史上美国在加勒比海和中美洲长期以来的所作所为就是这种行为模式的先驱。

我们现在所生活的世界目睹了假托国际法之名现象的大幅递增，这在两个维度上拓展了施米特的诊断。一方面，发展出一套完满具备奥斯丁意义上的万民法的特征，而奥斯丁本人却根本无从想象的法律：一种在技术上不具有可司法性（justiciable）的权利观念，也就是说，它甚至都懒得假装在现实世界中具有任何执行力，不过就是虔诚的强烈愿望。换言之，纯粹就是奥斯丁意义上的"意见"，却被法学家们郑重其事地命名为权利。另一方面，主要大国借国际法之名或者违反国际法，为所欲为——毫无底线的不确定性——这一现象的数量呈指数级增长。

最后，让我再举几个例子。联合国是国际法的最高官方化身，它将成员国的主权完整庄严地载入其宪章。然而，在联合国成立之时，美国就系统性地违反了《联合国宪章》。1945年，在旧金山一个距离联合国创立大会会场只有几英里的旧西班牙要塞里，一支美国军方情报部门的特别小组正在截取各国代表团与母国的所有电缆通信，他们解码获得的消息第二天早上就会出现在美国国务卿斯特蒂纽斯的早餐桌上。主管此次二十四小时行动的官员报告说："小组的感觉是，会议的成功召开离不开小组的贡献。"这里的"成功"是什么意思？那些对此次系统性间谍行动感到满意的美国历史学家欢欣鼓舞地认为"斯特蒂纽斯是在主持一项他的祖国已经开始主导并塑造的事业"，因为联合国"从一开始就是一个美国的项目，由国务院设计，两任总统亲自指导，并且依靠美国的力量推动"，"对于一个对自己的无数成就理所当然感到骄傲的国家来说，这项独特的成就应当永远被列在杰出成就清单的榜首"。

六十年之后，情况依然没有变化。1946 年《联合国特权和豁免公约》规定："联合国的房舍不可侵犯。联合国的财产和资产，不论其位于何处，亦不论由何人持有，应豁免搜查、征用、没收、征收和任何其他方式的干扰，不论是由于执行行为、行政行为、司法行为或立法行为。"据披露，2010 年，克林顿夫人、时任国务卿希拉里，指示美国中央情报局、美国联邦调查局以及特勤局攻破联合国的通信系统，窃取联合国秘书长与其他四个安理会常任理事国代表的密码、加密密钥，以及"多位联合国重要官员，包括联合国副秘书长、各专署署长、特别顾问、首席助理秘书长、负责维和与政治事务的高级专员"的生物特征信息、信用卡号码、电邮地址，甚至"常飞客"号码等信息。自然，希拉里和美国都没有为此等肆无忌惮地侵犯国际法——此法的官方使命便是旨在保护联合国——的行为受到任何制裁。

那么国际法标榜要维护的国际正义呢？1946—1948年的远东国际军事法庭是由美国组织的旨在审判日本军事领导人的战争罪行的，然而却根据1927年伪造的证据起诉他们共谋；为了帮助美国占领日本，便将昭和天皇排除出审判，并无视正当程序任意处置证据，以至于一位印度法官在一份措辞激烈的长达一千页的"少数意见书"中评论道[1]，审判无异于"赋予战胜者进行报复的机会"，"只有一场输掉的战争才是犯罪"。荷兰法官坦率承认："当然，我们都清楚东京、横滨以及其他大城市的轰炸和大火。我们为了捍卫战争法而踏上日本的土地，却每天都看见盟军是如何肆无忌惮地违反战争法的，这实在太可怕了。"换言之，这就是施米特所说的不折不扣的战争的歧视性。在此之后，美国在东亚进行的战争，首先是朝鲜战争，然后是越南战争，就像美国历史学家们所展示的，遍布着各式各样的暴行。自然，没有任何法庭敢将他们绳之以法。

---

[1] 拉达宾诺德·帕尔（Radha Binod Pal, 1886—1967），印度的法律学者、律师，远东国际军事法庭印度代表。帕尔认为这次判决是不公平的，为此他写下了数十万字的"少数意见书"，虽然他承认日军有进行屠杀，但是亦认为这只是胜利者对战败者的审判，并最终认定所有十一名甲级战犯无罪。——译注

自此之后，事情有变化吗？1993年，安理会就南斯拉夫问题设立了一个国际刑事法庭，以审判在该国解体过程中犯下的战争罪行。主持起诉的加拿大首席检察官与北约方面密切合作，成功起诉了美国和欧盟的敌人塞尔维亚族的种族清洗罪行，然而却无视由美国武装并训练的克罗地亚族为执行他们的行动而实施的种族清洗。1999年北约对塞尔维亚发动战争，该检察官排除了任何对北约战争罪行的调查，包括北约轰炸贝尔格莱德中国大使馆以及其他罪行。这些都是完全合乎逻辑的，正如当时常驻北约的美国新闻发言人所说："是北约各国建立、资助、维持了这个法庭的日常运作。"简言之，美国及其盟友又一次利用审判给他们的手下败将定罪，而他们自己的所作所为却凌驾于司法审查之上。

同样的把戏最近一次上演，是2002年美国设立永久性的国际刑事法院。美国在该法院的构想和准备过程中扮演了核心角色，却竭力确保自己不受该法院的管辖。令克林顿政府恼火的是，规约草案遭到修改，进而使得该法院可以起诉成员国，甚至非签约国，导致美国士兵、飞行员、刑讯者以及其他人员处于可能受到该法院管辖的潜在危险中。为此，美国立刻与超过100个曾经有美国驻军的国家签署了双边协议，以使美方人员免受任何此类风险。最后，克林顿总统在白宫的最后一天上演了一出典型的闹剧，他指示美国代表签署了创设国际刑事法院的法案，但他心知肚明，国会绝不会予以批准。很自然地，配备给该法院的人员都是软骨头,他们拒绝调查任何美国或欧洲的行为,无论在伊拉克还是在阿富汗,而把自己的一腔热情完全倾注于非洲国家。这正应了那句心照不宣的格言:法律面前贫富不等(one law for the rich, one law for the poor)。

至于安理会,国际法名义上的守护者,它的所作所为自能说明问题。伊拉克占领科威特立刻招致制裁以及抗击伊拉克侵略的百万大军。相反,以色列占领西岸地区已经持续了半个世纪,安理会连手指头都懒得动一下。当美国及其盟友无法在安理会获得对南斯拉夫动武的授权时,他们转而用北约代替,公然违反《联合国宪章》禁止侵略战争的规定。华盛顿任命的联合国秘书长科菲·安南对全世界说,尽管北约对南斯拉夫的入侵可能不合法(legal),但却是正当的(legitimate)。这听起来就好像施米特特地为他写了台词,以展现国际法在本质上的不确定性。四年之后,当美英两国对伊拉克发动战争时,由于法国威胁动用否决权,遂不得不绕过安理会。安南秘书长再一次为美英的行动保驾护航,推动安理会一致投票通过了第1483号决议,以溯及既往的方式承认了美英对于伊拉克的占领。国际法在发动战争时可以被丢在一边,但在打完仗之后要批准这场战争时它还派得上用场。

大规模杀伤性武器?《不扩散核武器条约》是世界秩序的歧视性特征最为鲜明的例证。它自从冷战以来即开始成形,只有五大国享受拥有和部署氢弹的权利,禁止所有其他国家——可能更需要核武器自卫——拥有核武器。在形式上，条约并非是具有约束力的国际法规则，而只是任何签约国皆可自由退出的自愿协议。但在事实上，不仅完全合法的退出会招致如同违反国际法一般的严厉惩罚（就像朝鲜那般），甚至连遵守条约也可能遭遇对于条约的限制性解释，如果缺乏足够监督，则可能遭到报复（就像针对伊朗的严酷制裁那般）——不确定性和歧视性如此完满地合二为一。以色列无视条约并长期拥有核武器的事实甚至提都不能提。惩罚朝鲜和伊朗的列强们假装以色列的大规模核武库并不存在。而这也许是对国际法运作逻辑的最佳注脚。

总结一下，从任何现实的角度来说，国际法都既不真正国际，也非名副其实的法。但这并不意味着国际法是一种不值一提的力量。它很重要。但现实中的国际法正如奥斯丁所描绘的：采用他从霍布斯那里继承来的话说，叫作"意见"，今天我们则称之为"意识形态"（ideology）。作为一种服务于霸权国家及其盟友的意识形态力量，国际法是一种令人生畏的权力手段。之于霍布斯，意见是一个王国政治稳定或不稳定的关键。他写道："人的行为来自其意见，对意见的良好治理就意味着对人们行为的良好治理"，这种"强大力量的根基不在别处，就在于人民的意见和信念"。正是那些煽动性的意见触发了英国内战，而他撰写《利维坦》正是为了灌输正确的意见，他希望作为"公民和道德学说的源泉"的大学会讲授他的这本书，以此使得"公共安宁"重回这片土地。我们不必完全赞同霍布斯对意见的力量的敬意，或者他在他那个时代的意见之中的偏好，但我们仍然应当承认他对意见的重视是正确的。国际法或许只是故弄玄虚的把戏，但它绝非无足轻重。

评议与回应

在评议环节，清华大学法学院安东尼·卡蒂教授（目前为北京理工大学法学院教授）首先发言。作为国际法学者，卡蒂幽默地"抱怨"道，安德森教授的结论对他们的职业并不公平。他首先就安德森对西班牙学者维托利亚的解释提出异议，认为维托利亚确实认为欧洲人／西班牙人具有通行、传教等权利，但他并没有说由于原住民抗拒了欧洲人的前述权利，欧洲人就有权进行征服和扩张。相反，维托利亚认为欧洲人／西班牙人无权去美洲实施抢掠、盗窃等行为。事实上，在绝对君主制西班牙治下写作的维托利亚，其作品的风格非常精妙和谨慎。正因为维托利亚的此番言论暗示了西班牙人并没有去美洲和平地传教，而是去烧杀抢掠，才被查理五世下了禁言令。

卡蒂认为，安德森演讲的基本主题就是：国际法的实际执行非常具有歧视性。他表示很赞同，国际法经常是强者欺凌弱者的工具。但安德森偏爱从霍布斯到奥斯丁的法律实证主义的倾向十分明显，这也暴露出安德森解读的选择性，因为他完全可以引用另一位与索尔兹伯里首相同级别的政治人物作为19世纪国际法思想的代表——格莱斯顿（William Ewart Gladstone）。格莱斯顿认为，无视英国的实力与义务之比例，而在世界政治与道德交往中主张任何权利平等以外的东西，不但不能让英格兰伟大，反而让它在道德和物质上都显得渺小。

卡蒂肯定安德森对现实世界的描述是非常精确的，但认为我们需要更进一步，找到问题的根源，并解决之。什么是歧视的根源？卡蒂援引了两种理论。其一是"替罪羊"理论（scapegoating theory），即每一个共同体都倾向于把面临的问题归咎于某个替罪羊，来建构自身的认同和凝聚力。这种现象在当今国际社会普遍存在，比如西方对朝鲜、伊朗、伊拉克的责备，在南海问题上对中国的谴责等。另一种理论认为，国际法中歧视的根源在于霍布斯式法律实证主义传统将法律的基础奠定在权威，而不是理性的基础上。

卡蒂指出，我们应该认真对待的，是格劳秀斯从亚里士多德的自然法思想出发提出的国际法概念，即国际法的基础应当是平等、公平与正义。尽管安理会体现了大国的主导地位，但瓦泰勒所强调的国家之间相互平等尊重与不干涉原则才应当成为国际社会的基础，应当让弱者可以凭借国际意见来改变强国的行为。安德森对瓦泰勒的引用固然不错，但那只是一本三百多页书中的一两段话。言下之意，安德森又一次进行了选择性引用。

接下来评议的是北京大学法学院易平副教授。易平指出，国际法学者一般采用两种路径反驳"国际法不是法"的观点。一种是路易·亨金主张的思路，即尽管国际法缺乏可执行性，但除了极少数极端情况以外，国际法的几乎所有原则都被所有国家在所有时间遵守，因此国际法是重要的、有效的。根据这种视角，安德森举的例子都是极端情形。另一种则认为，"国际法不是法"的观点在方法论上有问题，因为这里的法是以国内法为原型的，并且这里的国内法也主要是指现代西方的国内法，而没有引入非西方国家国内法的视角。

易平认为，这两种观点都没说到要害。因为批评者说"国际法不是法"，实际上是问，国际法是不是一种达成共同目标的有效制度手段？比如国际和平、正义、公平。因此问题的关键不是"国际法是不是法"，而是"我们需要什么样的国际法？"承认国际法的不足，并不意味着要完全丢弃国际法，甚至否定国际法的存在，而应该提高、改善国际法。

易平承认，国际法的现状是：体现权力政治的规则经常比只反映理想主义信念的规则更有效，但至少比赤裸裸的丛林法则要好。而且，这些规则一旦形成，也在一定程度上限制了大国，弱国可以用这些规则保护自己的利益。她认为，共同的道德义务可能比政治确信和共同的物质利益更能确保国际社会的长久和平与正义。正如马丁·怀特所说，尽管人们不停地违反道德义务，但只要我们承认并相信它的存在，文明就总有机会演进。

易平还提出了两个问题。第一，国际法诞生于主权国家之间，但在今天，非国家主体在国际关系中越来越活跃，这些新发展在未来会如何影响国际法？第二，如何看待有些学者所谓的中国的崛起会导致未来国际秩序发生根本变化这种观点？现有的国际法秩序是促进，还是阻碍这些变化，抑或它根本无关紧要？

最后评议的是北京大学法学院陈一峰副教授。陈一峰同意安德森的几点判断。首先，国际法的起源是欧洲中心主义的，它产生于欧洲历史，服务于其全球扩张。其次，国际法很少为小国、弱国、边缘国家说话，深深烙上了大国霸权的印记。再次，列强对国际法的工具主义利用。

针对安德森提出的问题——国际法还有用处吗？国际法学者对国际和平能做出有意义的贡献吗？陈一峰认为，关于国际法，一直存在不同的愿景、理解与观念。有些比较现实，有些比较理想主义。国际法与强权之间有三种不同的关系。一种是国际法表达了权力，是权力策略的一部分，是强国操控、管制、统治的工具。另一种是，国际法试图限制大国，但经常失败。但这同时也意味着国际法有可能发挥有益的作用。第三种则是，国际法本身就是一种力量，借助它的力量与话语，我们可以对抗强权。

安德森首先回应了卡蒂的几点批评。他指出，尽管维托利亚严厉批评了西班牙人在美洲的所作所为,但他确实论证过美洲原住民对西班牙人旅行、贸易权利的抗拒(resistance)可以正当化西班牙对他们的反击和对美洲的占领。至于卡蒂提到的自由派首相格莱斯顿,安德森说,这其实让人更有理由怀疑国际法/道德的虚伪,因为虽然格莱斯顿嘴上说国际法要平等、相互尊重,但也正是在其任内,英国占领了埃及。今天有太多这样的例子,政治家嘴上说一套,干的却是另外一套。

针对卡蒂的第二点批评,即与其把国际法理解为一堆失败、片面且偏颇的命令,不如从亚里士多德主义秩序的角度去理解国际法,安德森回应道,问题在于,同所有古典作家一样,亚里士多德认为存在确定且普遍的人性。但如前所述,在今天,定义普遍的人性是很困难的。对安德森而言,人性只能从人的需要(human needs)的角度去界定才可靠。人的需要,才是建构未来国际秩序和国际法秩序的可靠基础。

不过在当今国际法学界占统治地位的话语不是"人的需要",而是"人权"(human rights)。但人权话语存在两个问题。首先,通常,权利预设法律,法律创造权利。可在人权话语那里,人权先于法律,没有真正意义上的实证法去保护并实施人权。人权话语的要点,恰恰是通过话语的述说,制造出确实存在某种人权的印象。权利先于法律,这无疑颠覆了通常的法律秩序。其次,到底有哪些人权?安德森举了美国的堕胎争论为例,主张权利话语反映的通常只是说话人的主观偏好，而缺乏坚实的智识基础。

安德森继而总结道，三位评议人认为虽然国际法不够好，但并不意味着我们应该彻底抛弃国际法，相反，我们应该改善国际法，这是很令人钦佩的想法。奥地利法学家汉斯·凯尔森就抱持这种思路。凯尔森认为，只有有了某种世界政府，国际法才会变成真正的法。但当联合国真的建立时，他却很失望，说这根本不是我想要的。据此，安德森认为，凯尔森或许是一个例子，可以告诉/警告我们，改善国际法的尝试可能会走上错误的道路。

针对易平引用的马丁·怀特的道德义务论，安德森认为，怀特的道德义务实际上来自非常怪异的基督教末世论，根本谈不上"共同"（common）。针对非政府组织的角色，安德森指出，今天活跃在国际舞台上的非政府组织实际上发挥了非常模糊（ambiguous）的作用，它既不完全是坏事，也不完全是好事。他举了几个具体的例子说明非政府组织的暧昧角色。例如，尽管大赦国际致力于改善国际人权状况，它的创始人以前却是英国情报部门的成员，但该组织从未公布这一事实。又如，无国界医生组织也做了很多善事，它的创始人后来加入法国萨科齐政府，成了一个超级战争贩子，主张欧洲为了保护自己，有权干预任何地方。至于未来中国的位置，安德森认为，中国未来的角色取决于中国经济与美国经济日益增加的相互依赖以及随之而来的高水平合作同双方地缘政治冲突的相互作用。

最后，安德森引用了一句名言：Hypocrisy is the homage vice pays to virtue（伪善是恶向善表达的敬意）。所以一个人可以据此主张，尽管国际法很虚伪，但有国际法总比没国际法好，因为弱者可以诉诸国际法去约束强者。但也完全可以反过来说，Hypocrisy is the shield of vice against virtue（伪善是恶抗拒善的挡箭牌）。

（整理：吴双）

圆桌讨论实录：
霸权、国际秩序与民粹主义

汪晖：晚上好！欢迎大家的到来。今天，我们将与佩里·安德森教授进行一场圆桌讨论。我觉得没有多大必要对佩里·安德森进行详细介绍，大家都知道他。安德森2007年第一次访问清华大学，今天不是他第一次来清华。许多老师和同学都熟悉他的著作。我们知道他是一位非常杰出的历史学家，是马克思主义批判思想的重要声音。他是一个伟大的学者，也是一个伟大的观察者和批评者。他周游列国，发表了许多针对不同社会的观察和分析，从欧洲到美国，从拉美到亚洲，包括中国。安德森这次应北京大学之邀访问中国，在北京大学发表了四场演讲，从19世纪欧洲历史到21世纪全球状况，从民族主义、国际主义到国际法，四次演讲有共同的关注，但又各有侧重，充满对当代世界秩序的分析与寓意。

今天我们邀请了四位评论嘉宾：黄平，中国社会科学院欧洲研究所所长，我们在《读书》担任共同主编将近十年。他从英国伦敦政治经济学院毕业,最初的专业是社会学,这些年先任社科院美国研究所所长,后任欧洲所所长,知识非常渊博。

崔之元,是我在清华大学人文与社会科学高等研究所的同事,是非常著名的政治经济学家和公共政策分析家。

刘晗,是清华大学法学院副教授,本科和硕士毕业于北京大学,获得耶鲁大学博士学位。

章永乐,是安德森这次北京之行的组织者。他从北京大学本科毕业之后去了加州大学洛杉矶分校读政治学,是安德森的学生,与安德森有过许多的对话与交流。

我们将与安德森展开对话。安德森的研究覆盖了许多领域,他的许多著作也被翻译成中文,包括《绝对主义国家的系谱》《西方马克思主义探讨》《思想的谱系》等等。近来,他刚出版了一本新书《美国外交政策及其智囊》。同时,上海人民出版社准备出版他讨论欧洲的大厚书《新的旧世界》。[1] 他从宏观的历史观察开始,深入到对个别思想家的深刻探讨,这是他的典型风格。

今天圆桌讨论的方式大致如下:我们先请安德森谈谈这两本书,以及他在北大的演讲;然后各位嘉宾作评议,请安德森回应;最后我们会有向听众开放的互动时间。

安德森:很高兴今晚来到这里,感谢汪晖慷慨的介绍。我被

---

[1] 本书后于 2017 年 8 月出版。——编注

要求简单讲讲两本书的基本背景,一本是《新的旧世界》,另一本是《美国外交政策及其智囊》。在这两本书里,我试图将两种平时相互分离的对于当代政治的书写方式结合起来:一种是研究国家之间关系的海量国际关系学文献,另一方面是聚焦于国别研究的政治科学。

就欧盟的情况而言,我们要探讨的并不是纯粹的国家之间的关系,因为欧盟自身是一个准国家(quasi-state),是一个有着超国家(super-state)制度的邦联。《新的旧世界》一半的篇幅用来探讨欧盟制度的本质,另一半篇幅用来细致探讨在 20 世纪 50 年代创建欧洲经济共同体的德国、法国与意大利三个国家,它们构成了欧盟的核心。我也探讨了土耳其,不过这是另外一个故事了。完成这本书之后,我试图采用同样的路径,进一步拓宽我的视野,于是我接下来致力的计划,其理念就是探讨欧洲之外的主要大国,结构大致如下:我将从美国以及对其不可或缺的中东盟友以色列开始,然后讨论俄罗斯、中国、巴西与印度的政治结构与历史,同时也要插入一个统一的理论结构,探讨当今的国际体系的形态。我的基本想法是将国别研究与对国际体系的考察结合起来。但如果我要将这个计划写成一本书的话,它将会长得让人无法忍受。所以我就先写了一本关于印度的书,接下来是现在的这本(《美国外交政策及其智囊》),并不是全面覆盖美国的国内政治,而是仅仅聚焦于它的外交政策。我会在未来将其他材料整合起来。

下面，我不想讨论其他国家，而仅仅把欧盟和美国放在一起做一些探讨。对这两个分布在大西洋两岸的案例而言，最近的一个共同的历史转折点就是2008年的金融危机，这场危机对大西洋两岸的两个资本阵营都造成了沉重打击，它给资本主义经济、政治与社会制度带来的震撼，到今天还没有被克服。在这两个案例中，金融危机的起源都是类似的，那就是马克思所讲的巨额的虚拟资本（fictive capital）——巨额的公司、私人与国家债务的积聚。但是两个案例之间存在两点重要差异：

第一个差异是，美国是一个民族国家，我在此并不想展开讨论民族国家的本质，对今晚的讨论来说重要的是，它是一个民族国家，是韦伯所说的"命运共同体"，就是它的成员拥有某种类似的身份认同以及某种被给定的命运。但欧盟并没有这样共同命运的假定。这就导致了以下不同的效应：尽管美国只有一半选民愿意投票，但他们仍有可能改变政府，因此美国的统治者们无法承受完全忽视被统治者状况的结果，他们至少要对社会中状况恶化的人群给予一定程度的关注。而在欧盟，情况则完全不同。每个统治精英只对自己国家的选民负责，并不对其他国家的选民及其命运负责。欧盟的顶层机构，比如欧洲委员会（European Commission）、欧洲法院等，被有意地设计为与民主选举的压力相隔离。弗里德里希·冯·哈耶克是这方面的理论家，他很清楚地预见到，并明确要求欧洲联邦不受自下而上的民主需求的影响，哈耶克认为这恰恰是它厉害的地方，因为民主压力不可避免地导致经济上的干预。因此，欧盟的情势是双重的，一方面是统治精英只对本国负责，不对外国负责；另一方面，欧盟顶层的超国家机构被设计成不对欧盟民众整体负责。此外还有一个因素，欧盟成员国在各个方面存在巨大的不平等，21 世纪以来，德国获得了压倒性的经济权力，进而获得了巨大的政治权力来摆布其他国家，就欧盟的政策而言，"德国世纪"已经是一个现实。

第二个差异是，2008 年以来，欧盟不仅仅受到共同的金融危机的打击，其情况因其管理单一货币不当所造成的巨大灾难而进一步恶化。单一的尺码并不适合所有人。单一货币本来就是按照德国的口味设计出来的，不适合其他国家，至少南欧国家因此受到巨大损害。危机发生之后，德国几乎是独断了南欧国家如希腊、葡萄牙乃至意大利的经济政策。这是欧洲的情况。在美国，不仅仅有一种比欧元更正常的国家货币，而且这种货币是拥有巨大特权的、占主导地位的全球储备货币。美国可以从全球借入资本来覆盖它自身的贸易赤字，却很少会对自己造成损害。同时，它可以不断印钱，然后花掉，从而让自己摆脱经济危机，但又不会受到将其视为资本安全港的金融市场的惩罚。2008 年之后，美国采取了量化宽松的政策，使自己摆脱了衰退的泥潭；欧盟这边因为恐惧金融市场的报复，不敢采取同样的政策，欧盟自认为是一个更弱的经济体，于是他们决定采取的必要手段，是削减公共支出，向民众强加财政紧缩政策，而这又进一步恶化了经济状况。到最后，量化宽松在欧洲也变成不可避免的政策。先是日本步美国后尘采取量化宽松政策，接下来欧盟也很勉强地采取了类似政策。但是，跟在美国一样，量化宽松并不是应对经济危机的长期解决之道。概括起来，危机的根源是，债务的积累阻却了从20世纪60—70年代以来不断下滑的增长，而解决方案是增加更多的债务，更多的虚拟资本，结果是泡沫变得更大，极其宽松的金融政策并没有带来强劲的增长。

那么，政治上的反应是什么呢？这就提出了一个问题：汪晖于2004年提出的关于我们生活在一个"去政治化的政治"时代的诊断，在金融危机之后是否仍然成立？我们所看到的回应金融危机的常见政治方式，是民粹主义。民粹主义现在已经成了对美国与欧盟政治建制的诅咒，在主流环境中很少能看到对民粹主义的好话。对于这种保守主义的、非历史化的探讨民粹主义的路径，我推荐的解毒剂是一篇斗志昂扬、文笔上佳的文章，它的作者是意大利理论家马可·德拉莫（Marco D'Eramo），他在文章里回顾了针对"人民"概念之敌意的历史及其当代发展。

那么，我们该如何界定民粹主义的本质呢？基本上可以说，民粹主义的概念基于两种力量之间的对立，一边是人民，一边是精英或者西班牙民粹主义者所说的"La casta"（种姓）——有权和有钱的人。为西方所周知的是，民粹主义话语在很大程度上是由阿根廷人理论化的，这并不奇怪，因为历史上阿根廷就出过像20世纪四五十年代庇隆主义这样的民粹主义现象。阿根廷人厄内斯特·拉克劳（Ernesto Laclau）写了两本书，一本是《领导权与社会主义策略》(Hegemony and the Socialist Strategy)，另一本是《论民粹主义理性》(On the Populist Reason)。对拉克劳而言，民粹主义并不是一种阶级话语，而是基于人民和精英之间的简单的二元区分。当然，他强调，这两个范畴都是一种抽象，但可以被用于动员，抓住这样或那样的政治势力的抽象话语。民粹主义话语与马克思主义话语的区别在于，民粹主义并不能提供毛泽东在《湖南农民运动考察报告》里所提供的那种社会分析。毛泽东的阶级概念并没有排除人民概念，他没有将这两个范畴对立起来，但民粹主义则将二者对立起来。

民粹主义的关键意识形态特征是什么呢？从最基本的层面，简而言之，就是它内在构成中固有的政治模糊性，尤其是它对人民和精英的二元区分，就是十分模糊和抽象的，它可以被用于截然相反的政治目的。左派或右派都可以利用它。在历史上，最初始的民粹主义者，是列宁所批判过的俄国民粹党人，但他们当然是那段时间俄国左翼知识分子中的进步和激进势力。但在20世纪，有许多著名的民粹主义运动都是右翼的。比如说，法国50年代的布热德运动（Poujadism）[1]，还有许多其他类似的例子。

那么，今天的民粹主义又如何呢？今天欧盟与美国的民粹主义指的是一种社会反叛，但并不针对资本主义本身，而只是针对新自由主义形式的资本主义。在欧盟与美国这两个地方，反叛呈现出两个维度：一方面，它是对于生产要素的自由流动的反应，也就是说，它反对的是全球化的商品流动，即不受限制的自由贸易；但另一方面，它也针对劳动的全球流动，即反对移民。对欧洲与美国的民粹主义者而言，工资增长的停滞，生活水平的下降——在美国自从 20 世纪 70 年代以来工资增长就停滞了，在英国和其他欧洲国家，则是近年的现象——可以归罪于全球化的自由贸易，怪罪其他国家生产了满足市场的商品，从而抢走了本国的工作机会；也可以怪罪移民，他们从外国来，抢走了本国人的工作。

欧洲有着丰富多样的右翼民粹主义势力。在法国有国民阵线；在英国有一个规模更小、组织也更松散的右翼民粹主义运动，那就是英国独立党，但它在英国脱欧公投中起到了重要作用；在德国，就是德国选择党（AfD）；更早一些时候，在意大

---

[1] 1956 年，法国掀起一场以小商人、手工业者为主体的右翼运动，其领导组织"保障小商人和手工业者联盟"的主席是皮埃尔·布热德，因此又称为"布热德运动"。——译注

利有个起到先锋作用的右翼民粹主义组织——北方联盟。左派方面，在西班牙有著名的政党"我们能"（Podemos），希腊的政府也属于左翼民粹主义政权。最有力也最显著的民粹主义运动是意大利的五星运动（Movimento Cinque Stelle），它在政治上有点模糊，但我相信它的左翼属性更多一点，它也许是唯一有可能组建政府的政治力量。在美国，右翼民粹主义现象首先是茶党运动，其次是特朗普。左翼的民粹主义运动首先是"占领华尔街"运动，它打出了"我们是99%"的旗帜，要对付1%，这其实是经典的民粹主义口号，虽然根本不能描绘事实，但起到了很大的动员作用；然后是左翼总统候选人桑德斯。无论是左翼还是右翼的民粹主义都是对新自由主义的反叛。

　　下一个问题是，左右派之间的力量对比究竟如何呢？在欧洲，一般现象是，右翼民粹主义更强一些。二者都诉诸工人阶级，诉诸普通人和穷人。为什么右翼通常会更强？对于最重要的两个问题：第一是统一货币（这是自从《马斯特里赫特条约》以来欧洲新自由主义支配的基本工具），第二是移民，右翼的回答非常简单：我们不要统一货币，不要欧盟，我们要停止接受移民。而左翼在这两个问题上的立场比较模糊和犹豫不决。没有任何左翼分子敢说，我们要废除统一货币。他们可能会说，让我们设计出更好的统一货币，让我们在技术上解决既存问题，在未来将有更多的希望。街头的普通民众无法理解这种提议的技术细节，因此这种主张很难取悦选民。在移民问题上,左翼政党天然地不喜欢种族主义和排外主义情绪。但他们对移民问题有答案吗?他们的回答总是非常模糊的:我们需要移民,但不是所有的移民,这要具体问题具体分析……普通民众很难理解这种模棱两可的立场。在这两个问题上,右翼的回答立场鲜明,因此具有选举优势。

而在民粹主义反对的新自由主义阵营内部,力量对比又是如何呢?我不得不遗憾地说,形势仍然有利于新自由主义,差不多在任何地方都是如此。为什么?决定欧盟政治的因素是恐惧,在美国则更复杂一些,但不会特别复杂。在这两个地方,大多数人都憎恶现状,他们不喜欢过去十五到二十年的状况,更不希望形势进一步恶化,但这种现状却通过选举一次又一次地获得承认,新自由主义政党一次又一次地当选。原因就在于,人们恐惧,如果政府实行新自由主义之外的其他路线,金融市场会发出警告,并做出无情的报复,导致情况变得更糟糕、更悲惨。这正是希腊案例中的逻辑,在希腊政府举办的一场公投上,60%的人反对德国与布鲁塞尔强加的方案,但一周之后,即便这个举办公投的政府执行了多数人所反对的方案,却很少有人抗议。为什么?因为在这里,恐惧比仇恨更为强大。

你也许会觉得,仅仅靠对移民的恐慌不可能推动右翼民粹主义上台,因为与经济政策相比,大规模移民仍旧是一个次要的问题。因此，对移民的恐慌无法超越对经济崩盘的恐慌。而经济崩盘也是新自由主义拒绝承认的问题。

未来又将如何呢？经济危机在美国和英国仍然严重。政治精英们仍然经常获选。精英阶层很清楚，民众对他们的憎恶与不信任与日俱增。因此，他们也异常紧张。所以，我最后想要讨论的一个问题是：在民粹主义之后，是否还有什么新的政治？民粹主义是否穷尽了我们的政治视野？我们可以将目光转向两个新的现象。首先，年轻一代人的迅速激进化。在美国，成千上万的年轻人给桑德斯投票。桑德斯本人并不是一个激动人心的政治领袖。在克林顿夫人希拉里获得民主党候选人资格之后，桑德斯迅速向她投降。这让桑德斯的支持者大失所望。这些年轻人抱着一种对未来美国总统代表的既有政治秩序彻底不信任的态度参与到政治活动中。在英国，我们也看到了一个奇怪的现象。一个无能的（ineffectual）领导人科尔宾当选为工党领袖。这让人们感到非常意外。科尔宾之前几乎没有任何经验。在这场第一次由每个工党党员直选领袖的选举（equality vote）中，科尔宾大获全胜。不仅如此，工党几乎所有的议员都对这个领袖表示不信任。他们觉得科尔宾过于理想主义，太过左倾，且毫无能力。因此，工党发起了第二次选举。在第二次选举中，科尔宾不仅获得了更大的多数票，还令工党这个垂死的政党几乎在一夜间变成了欧洲最大的政党。工党现在有五十万党员，而十八个月前，这个党的党员数还只有五万。这是一个非常奇怪的现象。因此,也许当下一次经济衰退到来时,会有一种更好的、重新政治化的政治出现。我们希望如此。

黄平:感谢安德森教授。很抱歉我错过了您上周在北大的四场演讲。您总结了您的两本书中的主要观点,同时也分析了欧洲与美国正在发生的事态。关于欧洲与美国的当下,我有更多问题要问,和您刚才说的比较接近。对欧盟来说,之前已经有那么多同时发生并相互叠加的危机挑战。当然如您刚才指出的,最重要的挑战就是财政上的负担。甚至今天的新闻报道称,欧元区的危机已导致意大利以及其他一些欧盟国家对欧盟的广泛支持几近土崩瓦解。除此之外,您还提到了移民劳工问题以及难民的问题。我们在美国,同时也更多地在欧洲看到层出不穷的所谓恐怖主义袭击,在巴黎、布鲁塞尔、伦敦以及许多其他城市,而这一切还都在进行之中。此外,从冷战终结以来,第一次出现因为克里米亚问题的政治紧张。昨天,北约又将它的部队部署在波兰和其他国家。接着,最近的不确定情境中,最让我关注的是英国脱欧。因此,我的问题与作为一个体系的欧盟的衰落有关,我认为它的衰落不仅体现在领导力上,也体现在欧元上。一方面,欧盟有统一的货币,但另一方面,又不存在统一的预算,每个成员国政府都有自己的预算。与美元、人民币和日元相比,欧元有很大的欠缺。将孱弱的领导力和统一货币,以及种种挑战和危机放在一起,我们如何看待所谓的欧洲一体化,以及欧洲的认同?在这个问题中,存在"去全球化"(de-globalization)与民粹主义问题吗?我们能在未来看到一个不同的方向吗?他们如何处理我所提到的危机或挑战?他们如何应对美国、俄罗斯与中国?从中国的角度来说,我们对欧盟有相当高的期待,希望与之发展全面战略合作关系,开展从发展、和平、安全到科技领域的合作。

而就美国来说,当下最大的问题是谁当选下任总统。正如您所说,从金融危机以来,而不是"9·11"或冷战结束以来,我们看到美国损失惨重,我们并不知道什么时候它会复苏,甚至也许会很快看到下一场危机。不管谁当选下任美国总统,他或她都将面临严重的国内挑战。奥巴马宣称他将推动所谓的再工业化,要推进移民改革,要改善奥巴马医改计划,虽然成效不显著。美国目前在几个方面都在变弱——经济、金融以及制度正当性,还有美国政府在国内精英中受到的支持,那么,美国怎么维持它的领导权和世界秩序?目前大致有三种可能性:第一种是美国仍然能够通过种种手段来维持它的霸权,许多中国人实际上也这么觉得,无论是用什么指标,在经济、科技、军事等各种资源方面,美国仍然有不少优势。第二种,在美国特别是华盛顿,外交界、军界、情报界人士都担忧会发生从美国向东方国家的权力转移,尤其是转移到中国。第三种可能就是所谓的G2(中美两国集团),基辛格和布热津斯基都这样设想,如果存在这种可能性,很可能类似于苏联与美国在二战后的那种冷战状态——不是冷战，而是冷和平。

第二个比较现实的问题还是关于欧洲，无论欧洲面临着多大的危机和挑战，它仍然是世界上最大的经济体之一，在科技和文化等几乎所有方面都处于领先地位。即使在制度上，欧盟也是世界上第一个超民族国家的体系。还有，如何看待印度、俄罗斯？而我们中国人从未忘记我们最大的一个邻国——日本，对此您没有提及。日本不仅是我们的邻居，也是一个重要角色。您也没有提及所谓的"金砖五国"。这种多极化可能构成一种新秩序，或者如您使用的术语——"新的旧秩序"。从中国的角度来看，我们一方面从未忘记非洲；另一方面，当我们的学者专家谈论非洲时，脑海中的印象是"欠发达"地区；想到中东，则是混乱动荡不止。既然我们谈论的是世界秩序，那么应当考虑到场上所有的运动员，包括各大陆上的传统大国、正在崛起的国家。新秩序所具有的新的可能性有哪些？事实上，我们正在进入一个很不稳定的无秩序状态，或所谓的 G-0 状态。这恰恰是一个失序的世界秩序（disordered world order）吗？

关于民粹主义的问题。从金融危机以来，在经济方面，我们看到了到处蔓延的贸易保护主义倾向。同时，右翼的保守主义崛起，在欧洲与美国到处可见。您指出以上两个方面之间是相互关联的。而这些有可能给我们所有人带来更为混乱和不确定的境况。这两种相互纠缠的倾向都是对新自由主义秩序的反应。同时,我们看到中国、印度、巴西、南非等新经济体也已经出现了经济增长减缓的问题。再加上刚才我简单提及的中东的混乱局势,非洲的欠发达状况。因此,或许不会那么快,但有可能发生世界范围的转型。从中我们能否看到一种新的可能性?如果经济发展无法惠及大多数普通人,那么民粹主义是否可能带来一些正面的结果?

崔之元:谢谢,很荣幸能参与圆桌讨论,同时我也有幸在几天前参加了安德森教授北大演讲的讨论。我之前拜读了您关于美国的著作——《美国外交政策及其智囊》。事实上,该书是一个更大计划的一步,此前您有一本更宏大的著作是关于"新的旧欧洲"。我对于这些著作深表折服,特别钦佩您通过一个又一个简单的事例来阐明基本原理的能力。比如您在北大的第三场演讲。在解释什么是国际主义时,举了加里波第的例子,他不仅是意大利的国父之一,还投身于巴西的民族解放运动,之后又回到欧洲参加了巴黎公社。我认为加里波第的例子能让读者更容易理解理论思考与真实的日常生活之间的密切联系。

在您批判美国外交政策的作品中,我发现一个特别好的例子,我之前不知道美国的国防部长职位是在 1947 年的《国家安全法》之后设立的。第一任国防部长福莱斯特(James Vincent Forrestal)其实使用了"半战争"(semi-war),而不是"冷战"(cold war），来描绘与苏联的斗争。后来，这位国防部长抑郁并跳楼自杀了。这是您的作品提供的一个重要信息。还有一件事情，或许是个与此无关的话题。当中国人民解放军在 1949 年到达西柏坡时，美国著名诗人查尔斯·奥尔森（Charles Olson）作诗称"这是后现代的起点"。我对"后现代开始于西柏坡"这一表述感到很兴奋。

由于时间关系，我想您的一些表述在前面的演讲中无法很好地展开，有一些细节问题，我希望您能够做出更进一步的解释。您提到美元本身存在一些特权，所以美国可以实行量化宽松政策，而欧盟和英国却不能实施。但是我认为，欧盟和英国也可以执行这样的政策，就在上周英国第三次实施了量化宽松政策。所以我认为这不是一个技术问题，量化宽松本身是货币政策，但它却是财政政策的核心。这个问题的核心不是他们不能执行量化宽松政策，而是他们能做却恰恰不做，不想进行财政刺激。很有意思的一点是，在杭州召开的 G20 峰会上，官方强调货币政策是远远不够的，因为存在名义负利率，所以其他 G20 国家应该执行财政刺激。这是一个显著的主张。我希望您在这个问题上能够展开解释。

另一个问题是，您认为相比于美国，欧盟是不能被问责的，甚至还比不上美国选民对于美国政府的很不完善的问责。在您的《新的旧世界》中提到过一本著名的作品——艾伦·米尔沃德（Alan

Milward）的《民族国家的欧洲式拯救》(*The European Rescue of the Nation-State*)。20 世纪 50 年代，美国支持欧洲共同体的部分原因是想控制德国，甚至到 90 年代，东德与西德统一，书中提到一次会谈，叫"Two Plus Four"，"2+4 会谈"。2 指的是东德和西德，4 指的是苏联、美国、英国和法国。"2+4 会谈"改变了德国统一的条款。在设立欧元的问题上，这次会谈也起到了重要作用，因为美国试图尽力控制德国。这是为什么欧洲的一体化、欧元的创制是这种设计的一部分。所以我认为欧盟的建立是一个更加复杂的机制，而不像有些人所说的，欧盟是马克斯·韦伯意义上的"命运共同体"。

第三个问题是，您最后举了两个例子：年轻一代的激进化和英国工党成为欧洲最大左翼政党。我认为，这两个例子仍然没有超越您对民粹主义和新自由主义二元区分的批评。因为我们看到，不少工党党员和工党议员都是反对科尔宾的。因此，工党内部也存在某种民粹主义。所以，到底如何超越民粹主义和新自由主义，我想听您做更多的说明。当涉及中国时，我认为，我们在中国的大街上看不到民粹主义，但是却能在互联网上看到相当强烈的民粹主义的反映和情绪。

刘晗：非常感谢安德森教授的演讲。最近几年来，我一直跟踪着您对于欧盟和世界秩序的论述，受益良多。我非常同意您对美国和欧盟对于世界秩序不同想象的基本界分。从我的专业来讲，实际上两者具有不同的法律文化。欧盟具有很强的法律形式主义和精英主义倾向：它的法律文件经常动辄几百页，如《里斯本条约》有八百多页，没有人读完过，即便是作者们也都是各自撰写一部分。在很大程度上，欧盟的精英们将法律理解为经济理性，而不是人民的意志，用专业性来代替民主正当性。而相反，美国具有一种宪法文化，是直接连接到人民主权的，因而美国宪法中最大的理论难题是所谓"反多数难题"：非民选的法院如何能够否决民选机构的立法。

这就引向了我想说的第二点，即欧盟跟美国的另外一点不同在于，两者对于国家主权的态度不同。欧盟是建立在否定传统国家主权的基础上，而美国（和中国一样）仍然坚持威斯特伐利亚式的主权观念。只不过美国可能更强调的是主权进攻性的一面，而中国坚持一种防守性的主权观念，即主要意味着不受外部干涉（或许近年来已有所改变）。欧盟已经进入一个没有主权的法律状态。

第三点关于民粹主义。实际上，您的很多判断结合宪法的实践可能也很有意思。在很多国家，律师和法官代表了精英，很多时候精英有运用法律去挫败民粹主义的冲动。如土耳其宪法法院运用违宪审查来否定一些伊斯兰倾向的立法，而这些立法普遍符合民粹主义的呼声。在此种情况下，法律和法院如何建立自己的正当性，是一个很大的问题。关于中国的民粹主义，我非常同意崔之元的判断，当前中国有很多民粹主义话语（如很多互联网论坛），但没有民粹主义运动。

章永乐：感谢汪晖老师的邀请。我很荣幸组织了安德森教授的北大系列演讲。在北大的四次演讲中，安德森讨论了国际体系中的霸权结构以及对霸权的反抗。在霸权结构的维度上，安德森教授比较了两个不同的"五强共治"。第一个"五强共治"是在1815年维也纳会议上形成的，包括了英国、俄国、普鲁士、奥地利与法国，它们之间相互协调，以防止发生类似法国大革命这样的危及欧洲旧王朝统治的革命。第二个"五强共治"则是21世纪的一种可能性，包括了美国、中国、俄罗斯、欧盟与印度五个政治体。中国在这两个体系之下的位置显然不同。在19世纪，中国是这个列强体系的受害者，但列强之间的相互牵制，也使得中国在19世纪的殖民狂潮中，在东南沿海的方向上没有被瓜分殆尽；但在其他列强鞭长莫及的亚洲内陆地区，俄国攫取了大量中国领土。国际体系的特征，可以解释中国的这种境遇。而当时中国的知识分子对于国际体系的反应，可以说是两种态度的混合，一是抵抗列强，尽可能地保有相对于列强的自主性；二是模仿，通过学习列强的强国之道，让自己上升到列强的位置。

而在21世纪可能的"五强共治"体系中，我们可以看到中国已经成为五强之一。但中国所处的位置仍然有很大的不确定性，仍然受到超级强权美国的钳制和压制。美国的兴趣不仅是从经济上将中国推向新自由主义方向，同时也试图改变中国的政治社会制度。那么，中国又在做什么呢？2008年金融危机以来，中美之间其实有很多协调，中国为缓解美国的危机做出了很大的贡献，美国也有过表彰。另一方面，中国正在推进"一带一路"建设，这不仅源于中国剩余产能与资本的输出，而且也体现了20世纪六七十年代的一些话语资源的复苏，比如"第三世界"的观念和话语。中国在亚非拉发展中国家进行了大规模的基础设施建设，有许多项目利润微薄，甚至不赚钱，但有国际战略意义，对于所在国来说，也是一种"造血"。在您的北大演讲中，您并没有分析第三世界，我觉得很有意思的是，如果用"三个世界"的划分来看新的"五强共治"，美国仍然是最强的，可以说是第一世界，五强之外的大多数国家属于第三世界，而中国既与美国有诸多政策协调，又与亚非拉发展中国家有密切的互动。那么，您如何理解中国所处的这种不确定性呢？您如何看待第三世界这个观念？它已经过时了，还是仍然有生命力？

  关于民粹主义，我同意崔之元的判断，中国有这样的话语和情绪，但还没有显著的运动。在过去十多年中，工资的上涨、社保体系的重建以及不同群体之间建立横向联系的困难（当然也包括高校知识分子陷入日益精密的考评机制），所有这些因素都有助于解释运动何以没有发生。但现在房价的上涨已经是一个社会普遍关切的议题。只是在这里，已经出现了有房的人和买不起房的人之间利益的分化,很难有共同的呼声。

黄平: 听完三位同事的发言之后,我想再次回到您关于民粹主义的问题。我认为我们不应该只是讨论单个国家的民粹主义。这是一个世界性的现象——反对1%、5%、10%精英的民粹主义。我不知道中国现在是否重新引入了第三世界这个概念,但如果我们去看的话,中国官方是在高扬"一带一路"这样的话语,试图建构至少包括"一带一路"沿线发展中国家的共同体。因此有一种向亚非拉合作关系回归的现象。在未来的数十年中,这可能会是一个重要的新联盟。谢谢。

安德森: 以上的回应和批评非常精彩,我从中获益良多。下面我将以尽可能简洁和清晰的方式来做一点回应。黄平问到欧洲一体化的未来。一句话:目前的状况,一体化的程度,无论对于希望还是反对欧洲整合的人来说,都是不受欢迎的。另一方面,政治阶级中的精英们无法设想任何可持续的在不同基础上重新建立欧盟的方案,聪明一点的希望向前推进到真正的政治统一,其核心就是统一财政政策、共同的银行保险,凡此种种。而这意味着进一步削弱国家的主权,这在他们看来是更合乎逻辑的做法。但问题是提出这些方案的人会非常不受欢迎,他们进一步削弱了国家层面选民的权力,由此必然会遭到抗议的风暴。所以,这些人就被堵在半路上了,既无法回头,也很难往前走。我对未来的预测是,很难有实质性的改变,直到下一场危机发生,到时候我们可以看看人们提出什么选项。

黄平同时问到美国是否可以不仅被看作是一个经济危机中的权力，同时也被看作是一个不断衰弱、无法维持全球霸权的国家。在这个问题上，我准备向在座各位推荐英国《金融时报》著名的政治专栏作家吉迪恩·拉赫曼（Gideon Rachman）的著作《东方化》（*Easternization*），是"东方化"，而不是"西化"，它的主题就是西方的衰落。其中有一章详细讨论中国、日本、印度、东南亚、中东等，还讨论了欧盟的弱点，传达的信息是，到最后连美国都可能输掉。但在最后一章里，他说，以上所说都是很真实的，但美国仍然保持着巨大的军事实力，而军事实力并不仅仅是一个硬件的问题，美国在一百多个国家里还有军事基地，这是一个全球性权力的系统网络，同时具有军事和政治意义。这位作者认同美国，他的核心观点是，"我们"（即美国——编注）仍然有一个至关重要的优势，那就是控制了全球化的"硬接线"（hardwiring）。他说：看，我们有联合国（他并没有讨论美国怎么造就并控制了联合国）、国际货币基金组织（IMF）、世界银行（World Bank），等等。其中他强调了总部在布鲁塞尔的环球银行金融电信协会（SWIFT），有意思的是，它是一个私营组织而非政府组织。他说，如果美国想做什么事情，SWIFT不一定喜欢，但最后还是会去做，而他举出的一个令人信服的例子就是，美国坚持将伊朗开除出SWIFT组织，使它不能进行任何金融交易，SWIFT

接受了，结果是伊朗经济受到很大的打击。你提到了日本，当然日本人口并不多，经济总量大，但仍然是美国的一个保护国，在外交政策上并没有自主性可言。

现在我回应一下刘晗的评论。我想刘晗对于欧洲和美国之间法律文化和上层建筑的差异做了一个极为漂亮和精致的分析：一方面，欧盟具有高度官僚化、技术专家统治的法律文化和上层建筑，将国家主权和民主正当性弃之不顾；另一方面，美国却依然坚持一种本真的人民主权观念，在此条件下，法院经常面临着民主正当性的难题。

这些分析我非常同意，我只想做一点补充和限定。首先，欧盟条约的长篇累牍，实际上是一贯的，条约如此冗长以至于没有任何人完整读过，即便作者们也未必全部读完，这种特征从欧共体创建之初即是如此，甚至当时的条约是在各国外交部长签署之后才完成整个条约文本的，《马斯特里赫特条约》也是如此。其次，我们在座的美国朋友可能会提醒我们，美国方面也具有同样的特征。比如美国的行政和财政方面的法典（如《美国税法典》和奥巴马医改计划）同样是卷帙浩繁，没有人能读完。

关于民粹主义的问题，我非常同意刘晗所说的，在新自由主义和民粹主义的争斗中，法院经常站在前者一边。这方面我想提醒你注意印度的例子，印度首都周边有非常强劲的民粹主义运动。另外可以注意菲律宾，尤其是菲律宾最高法院经常在一些政治议题讨论之前就介入，宣布受民众支持的观点违宪。这也值得注意。

现在让我转向之元的非常尖锐而严肃的评论。没错，欧洲央行确实是在进行大规模的量化宽松，英国央行也在这么干，但这是比较晚近才发生的转向，就好像是做临终忏悔，一个人快死了才抓紧时间忏悔自己的罪，只是在极端情况下才这么干。英国昨天下台的财长在其下台之前承认，我们无力承担量化宽松政策，因为一旦实施，债券市场就一定会惩罚我们，并就此让我们在金融市场上的信誉大跌。确实，现在也有人讨论采用物理刺激法，即经典的凯恩斯式的刺激法。还有人提出了更疯狂的建议，即所谓"直升机撒钱"的方法。这个建议称，可以用直升机装载着上百万的货币，从空中洒向人群，任人随意取用消费。然而，现实是，我们甚至对这些穷途末路的手段都感到疑虑重重。我们怀疑，这种方法到底能够在多大程度上触及现有经济的深层动态，即生产力的下降与各类型公司与国家负债的迅速上涨，而这两者才是经济危机的根源所在。

之元提到，我将我的书献给一位非常优秀的英国历史学家艾伦·米尔沃德。他贡献了一部书写欧盟历史的重要著作。他把欧盟的第一阶段，即从 20 世纪 50 年代到他自己著书的 60 年代，描述为欧洲对民族国家的拯救。他认为，所有欧洲大陆国家都受到了第二次世界大战的毁灭性打击，士气低落。而欧盟则在这个关键时刻，帮助各个欧洲社区恢复信心，以重新缔结起更慷慨、影响更广泛的社会契约。在其影响下，农民与工人才得以重树他们的经济地位。这是无可非议的事实。我本人也对这一阶段的欧盟记忆犹新。

问题是，从20世纪80年代开始，联盟的此种性质发生了剧烈改变。这种改变伴随着从里根与撒切尔政府政策中衍生出来的金融市场与国家监管方式的改变。在英国与美国之后，这种改变也影响到整个欧盟。因此，到80年代末期，一种欧盟建立者们无法想象的情形开始出现。申请加入欧盟的国家发现，一系列附加要求摆在它们面前，其中一项就是工业全面私有化。欧盟最初的建立者并不拒绝公有企业的存在。然而现在希望加入欧盟的国家发现，加入的条件就是彻底消灭公有制。公有企业在意识形态上就不符合欧盟的要求。申请者要么进行私有化改革，要么就自动放弃加入。在此基础之上，欧盟国家还引入了一个即便在美国保守主义者看来也是极为疯狂的举动，即引入一个宪法性条款，要求在公共财政账目上不得有超过3%的赤字。在美国，只有一群最疯狂的极右翼分子才会提出引入一条宪法修正条款来平衡政府预算，但甚至在共和党人中间都没有一位严肃的政客会觉得这是个合理的诉求，而德国政府却能够在欧盟内部推行这一条款。这简直是神经病！意大利政府虽然签字同意，但却不停地在抱怨。问题是，从20世纪80年代开始有那种强硬的新自由主义的论调，彻底改变了欧盟整体的结构,将之推向哈耶克所预言的那种解决模式。哈耶克在 30 年代就强烈反对建立欧洲共同体的想法,认为这是国家主义对农业、工业等各种社会经济生活的限制,这种对自由市场的控制不是他所想要的。到了 80 年代,欧盟已经完成了哈耶克所要求的一切。第二个改变了欧盟的事件是,到了 21 世纪,德国首次成为欧盟的绝对主心骨。德国的经济文化视野非常狭窄,而将这种视野强加于所有人,是一种经济帝国主义的表现。

下面让我来回应一下永乐的非常有意思的观察,他指出,中国目前一方面是一个大国,但另一方面,又是一个被美国遏制与压制的大国。美国的领军智囊不单单满足于在中国推动政体变迁,要改变中国现存的政府与社会制度,最根本的希望是彻底消灭中国,这一点显而易见,毫不隐藏。他指出中国是在新自由主义压力下的国家,同时指出"一带一路"不完全是一种经济协作。在摆脱原有对美国的经济依赖的基础上,一个新的第三世界开始浮现。如果情况真的如此,那么我当然承认这是非常积极的变化。

最后,谈谈民粹主义。之元提出了一个很好的观点,就是英国工党的变化未必构成对民粹主义的超越,而是工党内部的民粹主义。我在这里做一个补充说明:科尔宾及其支持者所使用的话语在一个关键的意义上并不是民粹主义的,因为他们使用的是阶级话语——公开的阶级差异、阶级结构、阶级斗争话语。这是我们很久没有见到的。因此这可能对你的判断构成限制。

最后，是最有意思的中心问题：在中国，存在某种民粹主义的反应吗？我完全同意之元和其他嘉宾的看法，在中国并没有出现民粹主义运动，如果我们要寻找民粹主义情绪的表达，可能要将眼光投向互联网。但我对在座的诸位提出一个问题：如果中国互联网上的民粹主义更多是右翼性质的，那可能有两个解释：第一个解释是，此为公众意见的真正反映；第二个解释是，这说明当权者更能容忍右翼民粹主义，而非左翼民粹主义的表达。考虑到中国的基尼系数放在全世界来比都是非常高的——虽然不像巴西那样高得令人难以置信，在近年也有所下降——在这样一个高度不平等的社会，难道就没有围绕着财富分配议题的表达吗？永乐非常正确地注意到了住房问题。中国工人的工资在过去十年有很明显的增长，这可以说是一种收获，但如果工资的增长始终赶不上房价和房租的增长，那么生活状况未必会变得更好。在这个方面，也许能看到某些情绪表达，虽然未必是一场运动。谢谢！

听众提问

殷之光（英国艾克塞特大学助理教授）：非常感谢安德森教授一系列精彩的演讲。我参加了您在北大几乎所有的演讲。您对19世纪以降国际秩序的理解与讨论让我深受启发。我对您今天谈到的民粹主义问题颇感兴趣。您将民粹主义视为一种民众对既得利益阶层的愤懑；同时还认为，民粹主义是对新自由主义世界秩序的某种回应。但您在讨论中所分析的案例，基本都表现出民粹主义在国内政治中的作用，却未进一步分析其在国际层面上的意义。我想知道，从您的角度出发，是如何理解20世纪中期的第三世界反抗运动的？我们可以看到，这其中不少都有强烈的民粹主义色彩。例如伊斯兰国家的民族主义，甚至是伊斯兰主义式的反抗运动。这是否可以被理解为对帝国主义秩序的有效回应？

安德森：民粹主义无法提供一种有效的世界秩序。当然，我承认，民粹主义作为一种抗议行动，不仅仅针对国内精英阶层，也针对国际性的新自由主义精英。我很同意你对这一问题的看法。英国的退欧公投便是这种包含了国际与国内双重目标的对抗行动。正如所有的民粹主义行动一样，退欧本身是一个非常模糊的政治现象。因为，一方面，退欧呈现了强烈的排外主义（xenophobic）倾向；另一方面，这场反抗不但针对欧盟不民主且官僚气深重的政治寡头（oligarchy）机构，还抗议这种寡头政治给英国人民造成的社会状况。

我先前说过，相比对移民的恐慌，英国人可能对经济崩盘这个问题更加敏感。当然，有人会问，为什么这种对经济的担忧没能阻止人们在公投中选择退欧呢？人们难道不担心经济崩盘么？

这实际上不恰恰证明了，人们对移民问题更加担忧么？为了理解英国退欧，我们必须了解对英国人来说非常重要的两个方面：第一，没有任何一个欧洲国家像英格兰这样存在如此严重的地区间两极分化的社会状况。伦敦就是一个为富人以及有技术的海外精英创造的城市。作为一个世界金融市场的交换港口，伦敦极为成功。它吸引了大量的来自海外的投机与房地产资本疯狂涌入。但是同时，整个诺福克（Norfolk）地区却在经受去工业化的苦难，被英国彻底忽略乃至遗忘。因此，在公投期间，那些在普通大选中甚至不屑参与投票的"被侮辱与被损害的"人们，那些社会的最底层人民聚集起来，涌向投票站。在这一地区，此次公投极高的投票率是平常普通政党选举中非常鲜见的。这些人都把选票投给了退欧。因为对于这些已经处于经济窘境的人们来说，情况不可能会变得更坏。

另一个问题来自于英国的国家自豪感。在二战后，所有欧洲国家或者曾经战败，或者遭受过占领。但是这些国家战后也多少恢复得不错。英国则是一个战争的胜利者。她从未被打败或占领。她也曾经拥有世上最大的帝国。即便在二战之后，她仍旧保有不少帝国时期的领土。因此，人们觉得，二战时我们殊死抵抗，没有让柏林夺走我们的国家，凭什么现在我们要把国家拱手让给布鲁塞尔？绝不！这种国家自尊心非常强烈。这两个因素加在一起，促成了公投退欧的成功。

最后，我简单回应一下伊斯兰主义的问题。我不认为那些伊斯兰圣战分子可以被视为民粹主义分子。因为在中东的君主制或强人政府统治的国家中不存在新自由主义秩序。

听众甲：感谢安德森教授。今天您多次提及欧盟在当代环境下所具有的不民主结构。您也提到民粹主义以及右翼对民粹主义的操控。这种情况我们在欧盟和美国，在西方和东方都能大量看到。顺便一提，我来自日本，所以我很能理解右翼操控的典型例子，因为在我的国家这正在发生。但说到左翼和右翼在民粹主义运动中的潜力，我想提的问题是，欧盟是否有成为一个真正民主的政治机构的潜在可能性？我的意思是能够真正把（欧洲）人民团结起来。您还做了国际主义史的研究。受国际主义史的启发，人们开始谈论克服（overcoming）民族国家的问题。我们实际上无法在我们自己的民族国家的基础上来解决当代问题。人们也许会再一次回到国际主义的平台上，也许是像欧盟这样的相互关联的区域平台上，来探讨问题。但从欧盟存在的经验来看，这种对话机制运转得更加糟糕了。欧盟如何兼顾南部欧洲国家（如意大利、希腊和西班牙）的诉求？如今各国在欧盟内部是否还存在某种通过合作与对话实现本国利益的可能性？如果没有可能，您会为未来欧盟的再造给出什么样的建议？

汪晖：一点补充。20世纪90年代以来，东亚的许多关于区域一体化的描述确实把欧盟作为一个方案，尽管人们认为本区域存在替代性的模式，仍从中获益良多。欧盟计划虽是完全不同的形象，但它仍然是某种灵感来源。我想，他的问题是，这样一类给人带来启发的方案或计划，是否仍然保有某种可能性？

安德森：很明显存在一种紧张。正如我所解释的那样，欧盟的既有结构在实践上是行不通的，因为从根本上说它是不健全的、功能失调的，所以它要么走向这个方向，要么偏到另一边。然而，可能性也是存在的。我想提请你注意一个明显的事实，在我看来，如果你试图在欧洲构建一个民主制度——欧盟的总人口高达五亿，这些人说着差不多三十或四十种语言，而且都有其独立的国家历史——似乎是不可能的：在如此巨大的单位中实现政治协调的任务，困难很大。与普通人相比，政治协调对精英们来说就容易多了。他们有钱、有能力并且控制着媒体，美国就是典型的这类情况。普通人被原子化了，在这样的结构中他们彼此之间被分隔开，再加上不同的语言和不同的民族历史。所以不是不可能，但确实是非常严峻的问题。

你也许会问，那么印度呢？它拥有更巨大的人口规模，同时也有许多不同的语言，却仍是一个民主国家。我会说，是的，但印度诸邦并没有很长的独立史。这就构成了很大的不同。另一方面，情况也是如此，印度民主制度尽管令人印象深刻，但一个同样非常清楚的事实在于，精英协调相对于大众协调的优势造成的后果是，选举民主在印度已经存在了五十年之久，可是印度的绝大多数普通人仍然很贫穷，所以完全有理由要求进行严肃的社会改革，对土地或收入进行认真的再分配。但是像这样的事情却很少发生。所以，在这样的一个社会，你也能有民主制度，同时有一个非常凝固（stationary）的社会结构。

听众乙：晚上好，我叫哈里斯，来自阿尔巴尼亚。我有一个重要问题。我们是一个后共产主义国家，经历了一个转型期，一直梦想着能整合进欧盟中去。现在我们已经是欧盟的成员国了。人们认为欧盟是一个共同利益的整体，有着共同命运和共同信仰。但从我的观点看，这更像是一种宣传，就像政府告诉公民的并不是真实情况，而是想让他们相信的东西。我认为欧盟已经不是原来的那个样子了。所以我很想知道，为什么这些发展中的小国在做着整合进欧盟的大梦；而另一方面，英国却在退欧。一方面，我们有着整合起来的梦想；另一方面，我们有着分裂的实践。或许以英国为榜样，其他国家也会脱欧，但是像阿尔巴尼亚这样的国家，想的却完全不同。

安德森：我想答案是相当直截了当的。毕竟阿尔巴尼亚是一个很穷的国家，欧盟 28 国的人均收入都大大超过了它。对普通人来说，这就像说，如果你们加入欧盟，你们会繁荣起来，将获得欧盟的社会资助。所以我认为，普通的阿尔巴尼亚人想要加入欧盟是非常合乎逻辑的。当然了，一旦进入欧盟，像许多今天的东欧国家一样，他们会感到些许失望，但是他们仍会觉得比只靠自己要强。

对于阿尔巴尼亚，我还想补充一点。在我看来，这是欧盟缺乏民主特征的另一个不同凡响的表现。阿尔巴尼亚人当然不仅局限于阿尔巴尼亚这个国家，与其毗邻的科索沃领土上就有90%的人口是阿尔巴尼亚人。当然我也意识到，其他国家也有阿尔巴尼亚人，不过在马其顿和黑山只占总人口的少数。为什么一个与阿尔巴尼亚语言相同、与其他邻国语言完全不同的小国，却被排除在外？理由是非常直接的，欧盟说，不行，科索沃不能加入，我们不希望发生任何领土变化，科索沃就是科索沃，阿尔巴尼亚就是阿尔巴尼亚，而与这些人商量他们真正想要的是不可能的。他们清楚他们并不想这么做，因为如果这样做就很可能得到他们不想要的回答。所以，我认为，一直以来欧盟事实上都以一种很不民主的方式运作着，这与19世纪巴尔干的情形非常相似。我就补充这些。

听众丙：感谢今天精彩的圆桌讨论和非常有趣的对话。我想继续探讨之前崔之元教授所提出的关于命运共同体（*Schicksalsgemein-schaft*）的话题。我想问的是，欧盟是否真的是一个"命运共同体"？如果采用马克斯·韦伯的术语，不仅从问责制的角度，而且从成为一个统一体的角度来看，你是不能选择退出一个共同体的。这就意味着，我们身在一个家庭，我们生而如此，你不能根据自己的需求选择你的父母，这就是你的命运

（*Schicksal*）。

安德森： 我认为，在这个问题上你是很对的。当然，英国的例子向你表明，它是不完美的，不是一个"命运共同体"，是可以退出的。而其他一些欧洲国家，如瑞士从一开始就没有签约加入。所以，欧盟是一种不同的结构，不管它是好还是坏。

听众丁： 感谢安德森教授和参与讨论的老师们。我有一种粗略的感受，不知您是否同意，就是左翼的学术圈似乎迷失了方向：要么像希腊前财政部长瓦鲁法基斯（Varoufakis）沦为左翼民粹主义，要么向建制派妥协，例如，我是《国家》（*The Nation*）杂志的忠实读者，但我发现其编委会和主要作者都支持希拉里·克林顿的竞选活动，对此我感到相当失望。所以，我很想知道，如果不陷入这两种诱惑，您认为西方的左翼学者能够找到——不一定是正确的道路——但至少是一条不同的关于未来的发展道路吗？

安德森： 是的，我认为一定存在某些可能性。现在，你可能会问我对欧洲和美国当下的局势作何感想。这很重要，世界各处都陷入了彻底的无序中，我想这千真万确。在这点上，我很认同毛主席，他曾说："天下大乱，形势大好！"

听众戊： 民主与民族主义相关联，在20世纪30年代，纳粹的崛起打破了这种相关性。国际主义和民主鼓舞着许多伟大的战士，比如加里波第。但是今天的情况却是：劳动没有国际化，劳动被民族化、国家化了，而资本国际化了。民主与国际主义之间的关联被切断了。在民粹主义在各地兴起，发出强烈抗议要求改变现状的呼声下，我们如何复兴国际主义的传统？

安德森：不久前我的一位英国同事促使我开始思考。他分析道，在 2004 年左右，整个世界的状况可以用两股力量形成的"僵局"来描述——新自由主义和民粹主义。这已经距离当下有段时间了。当时我跟他说，这是一个很不寻常的构想，但是我不认为这是"僵局"，因为一方看起来比另一方强不少，平衡预计很快就会被打破。民粹主义与那时相比已经变得重要得多了。但优势仍然在新自由主义这边。

我也明确说了，我认为针对新自由主义的抗议并不是一个明确针对资本主义的抗议。在英国和其他欧洲国家的例子中，对国家主权的捍卫也明显不同于国际主义。但是我也不认为，国际主义事业至此就彻底失败了。谈到研究所或大学里的老师和同学们，我认为今天的重要任务之一就是学习、回复、思考和传播国际主义的优良传统。国际主义在世界上存在已久，从美国革命、法国革命到 20 世纪 60 年代，在国际劳工运动中起着主导作用。转折点差不多发生在 60 年代。即使在那时，你仍能看到类似万隆会议这样的情景。它是 50 年代的一个重要时刻。这些传统今天大多已经被人们遗忘了，但是它们应该被认真研究，并引起公众的注意。我认为这是新的任务点。

汪晖：好，时间到了。我不想做长篇的评论，不过或许可以就之前对于中国民粹主义的讨论提出问题。我想，可能部分由于中国的社会主义遗产，我们可以论证说，中国的许多左翼民粹主义表达，尤其是你能在互联网上看到的言论，大致处在马克思主义的术语体系中，讲阶级斗争等。虽然在互联网之外的其他地方未必如此。这些表达并没有陷入典型的民粹主义话语。如果看中国的劳工运动的不同形式，他们也在试图使用旧的术语，但大多数学院人士不认为这是一种建设性的思维方式。即使考虑右翼因素，我们也需要考虑中国的这些遗产，部分是因为马克思主义话语在中国仍然是一种正当的话语。工人们通过传播这些话语来加强他们在反抗中的位置。我认为，这是一种替代的话语形式，不一定要给它打上民粹主义的标签，但或多或少仍是左翼话语。我们过去想到民粹主义的时候，往往将它跟右翼关联在一起，因为这多少是全球性的现象；但它也以非常中国化的方式表现出来，部分原因在于我们的早期历史。

还有一个问题。您基本上把民粹主义界定为对新自由主义的反应，所以这些社会反叛更多被认为是世俗性的。那么，有没有对新自由主义的宗教性反应呢？宗教民粹主义，比如教皇方济各的话语，与伯尼·桑德斯、科尔宾的话语存在很多相似之处。教皇直接谈到资本主义、新自由主义等问题，但他是一个宗教领袖，如何界定他的话语是不是民粹主义？存在着许多种宗教现象,如您所说,伊斯兰的话语就不是直接针对新自由主义的。但是其他宗教呢?我们能否思考民粹主义的另一种替代形式?

安德森:是的,当然可以有一种民粹主义的宗教式表达。我同意你的观点。我刚才说,在中东没有民粹主义,因为那里没有新自由主义,事实上,或许我夸张了一点。因为有像埃及的穆巴拉克政权那样的独裁政权,它们想要或者希望与新自由主义站在一边。此外,有为数甚多、组织形式各异的穆斯林兄弟会,你可以说,它们代表了某种宗教民粹主义对新自由主义的反应。但不同的是,我刚才讲到的民粹主义,其特征是无论左右都要依赖于一个魅力型领袖,这是关键点。事实上,我提到的阿根廷理论家拉克劳就很强调这一点。直到在人民与精英、种姓或建制派的二分法之间,找到魅力型领袖来动员人民,才算有一个真正意义上的民粹主义运动。穆斯林兄弟会完全缺乏魅力领袖的气质,这就是它们失败的原因之一。而(教皇)方济各,毋庸置疑,是一个魅力型领袖。

佩里·安德森访谈：
思想生涯、资本主义秩序与世界的未来

丁雄飞 采访

I：风格、方法、霸权

我想从风格谈起。几十年来，您的写作风格受到了从左到右许多知识分子的褒誉：明晰、透彻、渊博、雅致。我注意到，您似乎尤其偏爱"风格清晰""形式简洁"的文字，并对某些特定的分析模式——比如 G. A. 柯亨和弗朗哥·莫雷蒂（Franco Moretti）的模式情有独钟。另外引人注目的是，您在非常长的一段时间里都用 essay（译作"论说文"或"随笔"）这种形式来写作，您最近出版的三本书（《美国外交政策及其智囊》《印度意识形态》《新的旧世界》）都是在《新左评论》或《伦敦书评》发表过的论说文的结集。为什么这种形式意义重大？它与您的理论关心有什么关系？

安德森：从来没人问过我这个。你的问题引发我思考——我自己并不怎么反思这些事情。我要说的第一点是，我一生的大多数时间——长达五十年——都在参与期刊（journal）编辑工作。这是我的首要活动。我的主要技能是当编辑。如果你在编一本期刊，那你始终都在处理论说文，或者说文章（articles）。如果你为期刊写作，你就在写论说文。因此，某种意义上，这是工作的特性，是我的初始训练。

在一本期刊的内部，总是存在我所谓的"达尔文主义式的空间争夺"，而这却是不少作者，尤其是美国作者常常不明白的。每个作者都想在期刊里获得尽可能多的空间，但并非人人都能有那么多空间，所以你必须在行文上要多简洁就多简洁。这是我试图在《新左评论》制定的一条规矩：文章不要有重复和冗余。美国社会科学，包括人文学科的文章都有这么一个公式（这是个非常坏的习惯，但愿没在中国传染蔓延开来）：在文章开头，你简要说一下你准备说什么，然后在文章的主体部分，你展开细说，最后，你再重复一遍你刚说过的话。一样的东西说三遍。读者一点惊喜也没有，因为读者已经被提前告知了："这是我将要说的"，"这是我的结论"。为什么要费劲听上三遍呢？这是我们无论如何应该避免的习惯。提前的概述、预先的摘要是最不好的，但学术期刊都要求这么做。

然后第二点，你说我偏爱风格清晰和形式简洁。实际上，在我眼里，这两种品质是相伴相生的，因为如果你有一个清晰的分析,那就意味着,你没有在论证的时候混进对论证本身来说是次要的很多元素。写作在形式上应该是简洁的,因为它在论证上是清晰的。关于风格,你提到某种"特定的分析模式",还举了两个例子。实际上,我并不特别欣赏诸如杰里·柯亨(Jerry Cohen,即 G. A. 柯亨)的风格,在我看来,他的风格太枯燥、太学究气了。它很清晰,但不吸引人。与之相对照,我想提两位意大利作者。两个人都是我的朋友,他们的写作既简洁又明晰,却都异常雅致:他们是历史学家卡洛·金兹堡(Carlo Ginzburg)和文学学者弗朗哥·莫雷蒂。我不会妄图把我自己和他们任何一个人相比。金兹堡具有那种我们称之为"阿提卡"(Attic)——雅典式——的纯洁风格,语言非常简明、质朴,却又强有力。莫雷蒂虽然是一位出类拔萃的作家,但他的散文的节奏是口语的节奏,十分接近于一场生动对话的语言。任何有幸聆听莫雷蒂讲话的人都知道,他是一位极好的老师,而他的写作风格就拥有他讲话时的那些品质。我写的散文几乎是他的反面。你说它受到了从左到右许多知识分子的褒誉,但实际上,很多人抱怨,部分原因是我经常使用相对罕见、口语中很少使用的拉丁文单词。少年时,我最崇拜、最喜欢的作者不是我的同时代人,而是 18 世纪的作家、历史学家爱德华·吉本。吉本的杰作《罗马帝国衰亡史》是一部高度正式的、精心反讽之作,我曾将其视为某种绝对的范本,或许我至今仍无意识地受到它的影响。后来,我最欣赏的 20 世纪英语作家是伟大的英国小说家安东尼·鲍威尔（Anthony Powell）。他的十二卷系列小说《随时光之曲起舞》（*A Dance to the Music of Time*）常常被视为英国最接近普鲁斯特的创作。不过，作为一部复杂的叙事，它在许多方面其实是高于普鲁斯特的。鲍威尔的写作之所以与众不同，部分是因为其中存在大量 17 世纪句法和用语的痕迹——我们文学的这一阶段最令他着迷。这些不过是我想给你提供的参照，它们或许影响了我自己的风格。

然后你还提了一个有意思的问题：我写的论说文和我出版的书之间是什么关系。这里要稍微纠正一下。你说："您最近出版的三本书都是在《新左评论》或《伦敦书评》发表过的论说文的结集。"实际上，我从来没有出过一本仅仅把我在别处已经发过的论说文结集的书。如果我要把我的若干论说文放进一本书里，那么与之前发过的文章一道，我总会专门为这本书再写点什么，以便赋予这本书一个如其所是的形式。比如你看《交锋地带》（*A Zone of Engagement*）——显然这本书没有被充分地、以一种可以理解的方式翻译成中文——其中最长的一篇论说文，也就是把福山作为讨论起点的《历史的诸种终结》（"The Ends of History"，注意是复数的"终结"），就是为完成这本书而写的。在《光谱》（*Spectrum*）中，我希望在左右翼观念之间有所平衡，但又意识到，我需要再多些中间派的东西，所以我专门为此写了关于哈贝马斯的那篇文章（text），就像为了照顾左翼，我也专门写了关于历史学家布伦纳的一篇。在《新的旧世界》里，关于欧洲一体化理论很长的一章，以及作为结论的、关于欧洲观念的过去与未来的几章都是在书里第一次出现。常规的形式是，如果我决定要把一些论说文放在一起，我就会为此写些别的东西，以求形成一本连贯一致、内里协调的书。

我想说的最后一点是最重要的。在英语，以及大多数的欧洲语言里，论说文这个术语的边沿是非常暧昧模糊的。一篇论说文可以是一篇文章，也可以是一本书。欧洲语言中一些最好的书就被冠以论说文之名——只要想想洛克的《人类理解论》（*An Essay concerning Human Understanding*）就可以了。就我自己而言，相当多的、我出版成书的东西，最初只是一些比较小的计划，本来只设想为文章，或是其他专著的章节。我最早的两本书《从古代到封建主义的过渡》和《绝对主义国家的系谱》是如此，直到我最近的三本书还是如此。《印度意识形态》《美国外交政策及其智囊》《霸权的诸次突变》起初都是为一部更大的、关于今天的国与国之间问题的著作而写的章节，但我写着写着，"一章"就写到了一本书的长度，所以我就把它们作为单独的书出版了。一篇论说文最终的长度总是无法完全预测的，而这将会决定它是一本书还是一篇文章。所以就我的经验来说，这两者之间并没有绝对的（categorical）差别。

与风格密切相关的是方法。您对分期（periodization）、分类（categorization）、系统（schematism）方法的娴熟运用——尤其体现在《国际主义略说》（"Internationalism: A Breviary"）这样的文章里——令我印象深刻。在《绝对主义国家的系谱》的前言，您说您试图在马克思主义历史学家（经验议题）和马克思主义哲学家（理论问题）之间探索某种中介地带，同时在"一般"和"特殊"的意义上检视欧洲的绝对主义。尽管如此，还是有人对您提出了批评，认为您发展出的只是一个静态的社会结构模型，您与E. P. 汤普森那场著名的论战亦与此相关。后来，在《英国马克思主义的内部论争》（Arguments within English Marxism）中，您致力于把汤普森和阿尔都塞的洞见统一在一个框架里。时至今日，您似乎依然坚持着自己的观点。我想请教，在您的全部著作中，是否存在某种方法上的一致性？

安德森：你的问题里存在对立的两极（poles）。你引用了我写《绝对主义国家的系谱》时的目标，即致力于同时在"一般"与"特殊"的意义上研究欧洲的绝对主义。对我而言，设法把一般的东西和特殊的东西结合起来，是一个方法论的标尺。这意味着：首先建构一个关于你研究对象的一般概念，然后通过观察特殊案例的异同——也就是在经验领域里比较——来探索、发展或修改这个概念。当时我对此并没有想的特别多，但凭借直觉，我努力用这种方式来处理绝对主义的问题。后来，我在一篇论说文里更加明确地这么做了：我原本打算接着写《绝对主义》的续篇——资产阶级革命，这篇论说文就是在勾勒这个续篇的轮廓。我对自己早先处理资产阶级革命问题的方式非常不满，爱德华·汤普森批评过那种方式，他的批评无可非议。所以这次我就先从重构资产阶级革命这个概念着手，论证马克思构想它的方式是有缺陷的。一旦资产阶级革命的概念经过了更加合乎逻辑的重构，你会发现一个明白易懂的模式浮现了出来——分裂的（divided）历史个案被分为（dividing）两种不同类型、不同时期的资产阶级革命：这解决了保守主义历史学家在反复思考相关观念（notion，其他各处"观念"，原文均为 idea）时所面临的经验主义困难。如果用欧洲哲学的方式来表达，我当时反对的，是我认为汤普森所代表的东西，即欧洲经院哲学术语所谓的唯名论：确信世界上有许多特殊的对象，每个本身都是独特的（distinct），因此都需要一个与众不同的名称。这就是汤普森的名文《英国的独特性》（"The Peculiarities of the English"）的主题。历史上是英国的东西就是英国本身的东西，绝不可以和法国的东西——尤其是法国的东西——相混淆或相比较。我反对这种唯名论立场。但我也同样反对与它相对立的结构主义立场——欧洲中世纪传统称之为"实在论"（realism）：这是一种柏拉图主义的观念，认为概念作为事物的本质，具有独立于其例证的实在（reality）。由此导致的是一整套的抽象化，而没怎么把握世界的经验多样性。为了反对这种立场，我会强烈要求我《新左评论》的同事坚持这样一种口号：你应该永远记住，任何抽象或一般的论点，唯有在你能为它提供足够大范围的实例的时候，才是个好论点。如果你有一个概念或论点，却没有很多关于它的好例子，那这个概念或论点就不会很有力。

在写作《绝对主义》的时候，我觉得我已经提出了一个比较令人满意的框架，可在一般和特殊的意义上同时展开分析。当我转而写作20世纪的欧盟时，我面临了一个多少有些相似的难题。《新的旧世界》开篇用了三章讨论作为整体的欧盟，涵盖了欧盟的历史和各种相关理论。然后转到研究三个处在欧盟核心的大国——德国、法国、意大利。再然后是谋求加入欧盟的大国——土耳其，以及土耳其与一个小欧盟成员国——塞浦路斯——的冲突。其时，我对以下事实感到极为吃惊：90%关于欧盟的著述都是难以置信的乏味、技术化和缺乏想象力。这些著述充斥着制度的细节，充斥着关于它们的没完没了的讨论，但那些讨论欧盟的专家却几乎从不谈论组成欧盟的不同成员国的政治、文化。所以，我就想把特殊的国别研究和囊括性的一般结构放在一起。在我看来，结果并不完全令人满意，即使仅仅是因为我在2009年完成了这本书；而正是自2009年开始，关于欧洲层面正在发生的事情的辩论，第一次直接塑造了这些国家各自的国内政治。在此之前，它们彼此间颇不相干。如今的情况则完全不是这样了。

在我着手下一本书的时候,我想到要以相反的方式开始。在处理当代国家间体系这个问题之前,我会先分别写组成这个体系的那些重点国家:美国、中国、俄罗斯、印度、巴西、以色列等等,详细考察它们的国内政治(社会的结构、政治制度的性质、经济的特性)。一旦我完成了这些考察,我就会转而关注它们之间相互关系的模式。所以先是特殊的,后是一般的,再是二者一道——实际上,就是把学院里两样十分隔膜的东西接连起来:一样是国际关系学的著述,一样是比较政治学的著述。这两个领域彼此鲜少联系。在美国,有很多很庞大的政治学系,下面有五六个不同的领域:国际关系、国内政治、比较政治、政治理论——统统互不相干。

您的写作中还有另一个关乎风格和方法的突出特征:您大量的书和文章都聚焦于思想的创作者,而非——如您曾经坦言的——概念(像以赛亚·伯林那样)、话语(像昆廷·斯金纳那样)或文本(像雅克·德里达那样)。比如《安东尼奥·葛兰西的二律背反》写葛兰西,《政治与文学》采访雷蒙德·威廉斯,《英国马克思主义的内部论争》写爱德华·汤普森,《后现代性的起源》写詹明信(Fredric Jameson),更不用说《交锋地带》及其续篇《光谱》了(目前的中译本将后者的书名谬译成"思想的谱系"),这两本书几乎一章写一位思想家,把"特殊领域的意见资源"存入

"政治文化的一般仓库"里。您为什么要写人？为什么对您而言，构建一个思想家，或一个时代的总体思想形象如此重要？

安德森：很多因素——智识的、政治的、性情的——都在这里起作用。就智识而言，到了 80 年代，我无疑反对其时在西方处于支配地位的处理观念的方式，即便对那些我可以欣赏的形态也是如此。伯林作为思想家，有非常吸引人的一面，但总的来说，他以一种非历史的方式把观念当成棋子把玩，可以说他不是真正的研究观念的学者——对此，他本人也有自知之明。德里达对于他从文本中提取的东西常常见解独到，但是，这一提取本身却是高度任意的。以斯金纳为主要代表的剑桥学派，在这一领域贡献了比前两位更有力的成果。但是他们在处理某位作者时也挑三拣四，只选取自己感兴趣的部分讨论，而忽略其他部分。剑桥学派最出色的代表、杰出的历史学家 J. G. A. 波考克笔下的马基雅维里，好像只是那个写了《论李维》的共和主义理论家，而从来没有写过《君主论》似的——在另一个聪明的头脑列奥·施特劳斯那里，情况则恰好相反。斯金纳对马基雅维里的处理相对较少，但问题和波考克一样。所有这些例子，都对作为整体的一个思想家的著作的总体性（尤其是其中有自相矛盾之处）避而不谈。

所以当我着手写我的论敌爱德华·汤普森，或是构思一本与英国当时的顶尖文化理论家雷蒙德·威廉斯对话的书，我便想在自己力所能及的范围内,把他们的成就作为整体对待。不过这里还有另一个非常强烈的冲动,即我希望把他们传承给我们的东西,尽可能完整地转达给我们这一代的左翼。在私人关系上,我同詹明信更亲近,因此关于他的那本书,也多少有些不同:后现代性的概念在詹明信那里达到了顶峰(consummation),我试图围绕这个顶点,建构关于这一概念的历史,往复于概念探究与生平考察之间。至于葛兰西,我仅仅集中在他《狱中札记》里的一个核心的难题性(problematic)——这次不是一个概念,而是概念之间错综复杂的关系(nexus),但和詹明信的书一样,我也致力于把这些概念牢牢地落实在当时的历史语境之中。这两本书里我没有试图把两位作者的著作作为整体来重构。

不过上述四个例子有着共同的政治意图,即把一份遗产传递给我同时代的左翼,传递给那些可能会接着走下去的人们。但另一方面,我写作后来收进《交锋地带》和《光谱》的文章的首要目的则颇为不同。这里,我主要写的不是左翼思想家,而是中间和右翼的思想家。我确信,1945年以后,典型的左翼文化变得过于内向自守了——人们只对左翼观念感兴趣,对那些来自相反阵营、极具原创性的思想家却漠不关心。我视这种狭隘为贫乏,它只会——如葛兰西所见——削弱而非强化左翼。一些人认为,只有认同了一个思想家的观点,才能尊重或欣赏他(或她):这完全是胡说(blind)。这就是为什么我写了韦伯、伯林、福山、哈耶克、施米特、施特劳斯、奥克肖特：试图睁开我方的眼睛，去发现其他方面的财富——同时不妨碍继续批评他们。

最后，我还想再补充说一点我关注作者以及他们的作品的原因。今天，在西方（在中国也这样吗？），严肃的书评实践正在缩水。如今很普遍的做法是：所谓的书评人把书当作"由头"，离题万里，自说自话，对名义上被评的那本书，实际上完全视而不见。《纽约书评》和《伦敦书评》都鼓励这么做。在我看来，这种做法是麻木不仁的庸俗市侩气的一种表现形式（a form of callous philistinism）。几乎很少有哪本书是很容易就写出来的。把人家辛辛苦苦写的书——不管你觉得写得怎么样——仅仅作为满足你的表现癖，让你出风头的借口，这让我无法接受。就像我经常对我的朋友、《伦敦书评》主编玛丽-凯说的那样，这就等于你请人到家里来吃晚饭，然后一整晚不跟他说话，甚至看都不看人家一眼。好像有点失礼吧？

一直以来，您都十分关心 hegemony（根据不同语境可译作"霸权""领导权"或"统识"）的问题。在您早期关于英国的论述中，您就使用了这个概念；后来从领导权/霸权的角度，您在《新左评论 I》的第一百期（1976）和《新左评论 II》的第一百期（2016）分别发表了关于葛兰西，以及葛兰西的继承人的文章；您2009年和2016年在北京演讲的内容都与美国霸权有着直接的关系。当我把您的北京演讲、您关于乔万尼·阿瑞吉的讨论，以及《美国外交政策及其智囊》的《帝业》部分结尾段落结合在一起看，我认为您试图表明的是：虽然美利坚帝国仍旧是今天的霸主（hegemon），但它最终可能失去这一位置，因为（in the sense that）整个霸权/领导权的观念会在 21 世纪发生变化。您是这么认为的吗？此外，您关于 21 世纪的霸权的讨论，与哈特、奈格里的"帝国"观念之间，是否存在某种相似性？——尽管我承认，二者有巨大的差异。

安德森：你这么想是对的：领导权/霸权一直是我写作的核心主题和关切。事实上，我在 2017 年春天出版的新书就叫作《这个 H 词：霸权的诸次突变》（*The H-Word: The Peripeteia of Hegemony*）。我们有 H 弹（H-bomb，即 hydrogen bomb，氢弹），也有 H 词（H-word，即 hegemony，领导权/霸权）。这本书是关于 hegemony 观念的各种命运和变异的比较语文学史：从它在古希腊和 19 世纪德国的复数起源，到 19 世纪、20 世纪之交，马克思主义者在俄国对它的重构，再到葛兰西在意大利对这些马克思主义者的遗产的阐发。然后，我考察了德国保守主义法学家海因里希·特里佩尔（Heinrich Triepel）在第三帝国治下关于霸权的重要著作，考察了冷战时期在美国和法国的讨论对这个概念的影响。在那之后，我们的故事转到了阿根廷和印度对这个概念的创造性使用。在东亚——中国和日本——从古至今的各种传统中，这个术语的西方抑扬（inflexions）在霸道和王道的二分中被颠倒：前者强调的是强制（coercion），后者强调的是合意（consent）。这本书的最后几章考察了 hegemony 观念在当代的若干用法：比如在清华大学教授国际关系的中国思想家阎学通，以及今天英国、德国和美国的政治思想家和意识形态宣扬者对它的使用。这本书的企图是要重建这一十分漫长、复杂而迷人的历史。

至于你的具体问题：我是不是认为美利坚帝国今天仍旧是全球霸主，但最终可能失去这一位置，因为整个霸权／领导权的观念会在 21 世纪经历一场变化？是的，这大致是我的观点。美利坚合众国依然是一个具有星球规模的霸权国家（hegemonic power），但它可能在未必有任何其他势力（power）取代它的情形下，失去这一位置。你看到一些西方作者明确地，同时一些中国作者隐晦地表达了这样的看法：中国将成为新的全球霸主。你很可能也知道马丁·雅克出过一本书叫《当中国统治世界》（注意是"当"，不是"如果"）。我攻击过这本书，不同意其观点。不过，可能会出现一个没有单一霸权国的霸权体系（hegemonic system）：在这个体系里，资本主义呈现出自我平衡的内稳态，它如此普遍，再也不需要一个维稳的最高统治者了。这是一种可能发生的、高度负面的情景（scenario），但绝非完全没有根据。

我的立场可以和两位意大利思想家形成对照。乔万尼·阿瑞吉在他的《漫长的20世纪》一书中同样设想了霸主的逝去，认为美国可能没有后继者。但是他设想的那个情景有着非常良性的形态：随着世界市场社会的到来，资本主义被克服了。显然，我对如是的结论表示怀疑。你可以在奈格里和哈特的《帝国》一书里发现同一种视野的另一个变体——对此我持更大程度上的批评态度。他们认为霸权国已经一去不复返了，但这是因为在他们看来，美国——他们眼里的美国一片美好（rosy）——几乎是人类的一个典范。对他们而言，全世界将要变成某种扩大版本的美国。美国的宪法好得很，是世界上最好的宪法，伟大的美利坚民族完全是文化多元的，是普遍的，因为它有那么丰富的移民。这就是未来。在这个未来中，诸众会接管一个变身放大版美国的星球。我认为，这完全是妄想。

您的欧洲史著作研究了这样一个问题：中央集权的绝对主义国家，是如何脱离中世纪封建主义的分裂统治权（parcellized sovereignty）而兴起的。由此联系中国的历史，我很容易想到现代中国思想先驱章太炎的话，"欧美日本去封建时代近"，"中国去封建时代远"，因为中国在很早之前——秦以后——就有了"绝对主义"。类似地，毛泽东晚年论及中国历史，也有所谓"百代都行秦政法"的说法。不过，您在《两场革命》里阐释中国晚近政治史中的古代遗产时，似乎更多地强调了儒家，而不是——比如说——法家。这里存在脱漏吗？

安德森：某种类似于封建主义的东西无疑存在于中国的东周——春秋战国时代，因为当时的政治主权是高度分散的，形形色色的地方统治者及其臣属，名义上从大权旁落的君主（residual king）那里获得土地和头衔。这比较像封建制度：对周天子（monarchy）怀有残存的效忠。但中国的古典政治思想里有一个十分惊人的特征，从孔子以来的所有思想家，都毫无例外地认定一个单一统一王国（unified realm）的价值，将其视为根本前提。不论是孟子，还是更现实主义的思想家如荀子都坚信这点。眼下可能是分裂的，但这是件很糟糕的事情。原则上，理想总是要统一（unification）。自从秦朝实现了统一，这个大一统（unity）的前提就成了无条件的前提。分裂确实发生过，但分裂绝对不可接受，也不会持久。在这个意义上，说秦以后中国没有任何类似封建主义的东西是对的，反之，你们有一个中央集权的皇帝—官僚制国家。这个国家可能会采取不同的形式——它在宋以前更贵族制一些——但它的基本结构历朝历代都没变过。

在我讨论绝对主义那本书的后记里，我费了一番功夫对比中国这段历史和日本历史。在日本，确实有类似于十分纯粹的封建主义形态的东西，你几乎可以和欧洲的封建主义逐条对上，尽管，封主和封臣的关系在日本更加不对称一些。欧洲的封建主义最终产生了集中了封建阶级力量的绝对主义国家。在日本，这一转型从来就没有完满实现过。德川幕府是日本前现代时期最强大的一元化（unified）统治形式，但它从来没有演变成一个绝对主义君主政体。它的结构颇为独特。而这是一个关键区别。我为什么要强调这点呢？因为那本书最重要的论点之一是：一般而言，与农业（agrarian）型官僚帝国——比如中国——的帝制（imperial state）相比，封建主义提供了一条容易得多，且快得多的通往资本主义的道路。这就是为什么，日本是20世纪唯一一个相对全面赶上欧洲资本主义的非欧洲社会。我所做的区分是，日本的封建主义不能像欧洲的封建主义那样，自发地、内生地实现这一过渡，而它之所以停滞不前，乃是因为它缺少绝对主义转型。对欧洲的绝对主义转型而言，一个关键的助力来自古代希腊、罗马的古典遗产。在日本，从中华帝国借来的智识和制度就相当于它的古典遗产，但这种助力相较于古希腊、古罗马要羸弱得多，于是，使明治维新这条通往资本主义的捷径成为可能，就需要来自西方的外部压力。这大致是我的观点。所以我完全同意章太炎的论述起点。

现在我们来谈儒法问题。杰出的海外华人学者何炳棣把汉初以来帝制中国的传统公式用英语总结为："以儒家缘饰，以法家行事"（ornamentally Confucian, functionally Legalist）——也就是他的版本的"儒表法里"。根据这个传统思想，儒家为权力奉献了装饰性的外观，而法家则提供了权力运作的内核。我个人认为这过于简单化了。法家非常关切的是对官员的控制。如果你读《韩非子》，你会发现，在韩非对秦始皇的先人所建之言、所献之策中，有相当一部分聚焦于这个难题。群臣百官为所欲为；作为统治者，你怎么能控制住他们？你需要一套规训他们的机制。当然，法家也关切对民众的控制。在这方面，你不能只依赖仁义，你必须有法律——清晰的、毫不含糊的法律：如果谁触犯了法律，谁就将遭惩罚。但是，如果阅读文本的话，你会发现重点更多地落在了控制官员，而非控制民众上。而儒家不断发展——当然，这是在其具有传奇色彩的创始人久已离去的时代里——则成了法家的反面：在我看来，儒家这种学说的本质关切是，如何最好地安民。统治者应该显示仁义，官员应该务农重本，提供小范围的教育，施行大范围的教化。当然，与此同时，儒家学说同样关切如何凝聚文人士大夫，如何在后者当中注入集体精神（ethos）。因此，不论是儒家还是法家，都有这样的两个方面，但是这二者在不同学说中所占据的权重不同。不过，历史地说，一个无可争辩的事实是，从很早开始，儒家就在国家意识形态层面取得了彻底的支配权，完败法家。到南宋，朱熹把四书经典化，让《孟子》成了某种神圣的文本，而法家传统则几乎被禁绝。韩非子变成了所谓被诅咒的作者（*auteur maudit*）——几乎不存在一部关于他的像样的学术评论。直到 18 世纪的日本，才第一次有学者敢于为他作注。而在中国,这还要等到19世纪。意识形态上,儒家眼里揉不得沙子。

II：终结、未来、行动者

您认为20世纪是美国的世纪,还是如阿兰·巴丢和汪晖以不同的方式论述的那样,是革命的世纪?鉴于2008年爆发了金融危机,我们可以说新自由主义在21世纪终结了吗?

安德森：我认为把整个20世纪描绘成一个革命的世纪,或是一个美国霸权的世纪都是错误的。事实是,伟大的革命发生在这个世纪的上半叶（1917—1949）,而美国霸权仅仅在1950年左右之后才成为全球霸权。所以你面对的是两个不同的阶段。我对把这一百年均质化为"革命"或"美国"的企图都抱以批评的态度。在西方——事实上很可能在今天的任何地方——关于20世纪影响最大的历史书写,是艾瑞克·霍布斯鲍姆的《极端的年代》（*Age of Extremes*）。这本书在很大程度上以欧洲和俄国为中心,也部分涉及第三世界。他对这些地方了如指掌,掌握了第一手的材料。这是一部伟大的作品,但我也因为它美国写得少,日本写得更少,也没怎么写中国而批评过它。他对美国在这个世界上扮演的角色,以及中国对这个世界造成的影响的低估程度,令人吃惊。

对于这二者，我们都要铭记在心，而不可厚此薄彼，让任一方遮住另一方的光彩。

然后你问我，我们可不可以说新自由主义在 2008 年前后终结了？这实际上是另一个我与霍布斯鲍姆产生分歧的问题。在 1998 年，霍布斯鲍姆就宣告了新自由主义的终结。他错了——过于乐观了。新自由主义在那个时候根本没有结束。而同样的表态在今天则显得有道理得多。但我仍会对预测新自由主义的未来抱以十分谨慎的态度。照今天的情况来看，也就是距离 2008 年的崩盘近十年之后，我想关于新自由主义的状况至多可以说四点：这四点还算轮廓分明。

首先，在智识层面，作为一种主流经济学家鼓吹的强硬的、体系化的正统理论，新自由主义目前无疑阵脚大乱了（disarray）。你能从以下事实中感觉出这点：那么多在十年前无条件地把新自由主义作为真理来宣传的经济学家，今天再也不这么做了。他们频繁地说着一些自己十年前完全无法接受的话，却不承认是自己的想法变了，当然更不会提及自己从前说过的话。一个经典的例子是劳伦斯·萨默斯：他先后担任了克林顿和奥巴马的首席经济顾问，是美国银行系统进一步放松管制的主要责任人——正是银行系统大肆宣扬金融投机，导致了 2008 年的崩盘——可以说，萨默斯是最自以为是、最武断自信，而且很可能是过去三十年里最有影响力的经济学家。但今天，你听到萨默斯突然面不改色、恬不知耻地宣布：全世界都进入了经济增长无限期放缓的阶段，一切都将变得十分艰难。他无法解释为什么，只是说，如果你看一看这些数字，你就会知道将要出现这样的状况。于是他开始敦促美国实施财政刺激，加大公共开支：这些经济救济措施正是他和他的同道在过去最鄙视、最排斥的东西。所以，在观念的层面，很明显，新自由主义乱了阵脚。

其次，如果你把目光放在实践层面，你看到的是某种孤注一掷的权宜之计——决策者和央行行长们苦苦挣扎，力图化解仍在继续的危机所造成的各种后果。这些应急手段有相当一部分以人们可以想象的最明目张胆、最激进的方式，与正统新自由主义理论在20世纪80年代、90年代，直至2008年开出的政策药方相抵触。无疑，这里尤其教人印象深刻的是所谓量化宽松（QE）——其实就是通过印钱使经济继续苟延残喘（afloat）的委婉说法。这种做法在昨天还是完全不可思议的，今天却突然变得颇能让人接受了：美国人最先这么干了，接着日本人步了后尘，最后欧洲人照样故技重施。所以，一方面是专业人士自乱阵脚，一方面是决策者孤注一掷地采用非正统的应付之策。然而，与此同时，量化宽松非但没有逆转，反而实际上加深了那些最开始导致危机的进程。所有造出来的钱——马克思称之为虚拟资本的东西——都进入了房地产市场和股市。这些钱被用来催涨资产价格，提振商业信心，既没有导致任何生产性投资的增长，也没有落入普通市民的手里，以任何显著的方式增长国内需求。量化宽松所做的，只是支撑、抬高富人的收入。所以，它绝不是同我们过去已有的一切的决裂，而只是过去的延续。在此期间，没有对收入重新分配，没有累进税制改革。简言之，有钱人会变得更有钱。

第三，新自由主义最具决定性意义的、独一无二的标志是什么？可以用撒切尔发明的一个词来总结：私有化——巧取豪夺（stripping）公有经济的资产，将之以十分低廉的价格，拱手让给私有资本。那么如今，私有化的脚步是停止了还是放缓了呢？恰恰相反，纵观整个世界，私有化一刻都没有消停过：在印度，新一波的私有化刚刚启动。巴西也是同样的图景（scene）：公共部门太过庞大了，我们必须变卖抛售。再看墨西哥，政府的首要议程是什么：我们必须私有化。只要这一全球进程继续无情地浩荡向前，宣布新自由主义已死可能还为时尚早。

最后，还有一个让我们不能说新自由主义已经终结的原因：我们依然缺乏任何清晰的替代它的东西。在 20 世纪 30 年代大萧条时期，古典自由主义的正统理论盛行，它提倡用保留金本位制和通货紧缩来克服危机。几乎所有的官方经济学家都是这一类型的古典自由主义者。但当危机发生，立刻就有像凯恩斯这样具有强大影响力的思想家说：不，通缩不是办法，我们需要的是财政赤字、公共开支。此外，瑞典的经济学家同样拒绝正统理论，呼吁建立受管制的劳动力市场。更有像沙赫特这样的德国银行家，准备彻底同正统理论决裂，通过为工务计划（public works programmes）——首先是重整军备——筹措资金，恢复充分就业。而今天，你找不到任何类似的替代性学说在官方层面流传。这是另一个让人怀疑新自由主义是否真的终结了的原因。

经常有人把您1992年的文章《历史的诸种终结》，以及您2000年为《新左评论》重计刊号撰写的社论《新生》（"Renewals"）视为悲观主义之作。其实，您流露出的毋宁是一种毫不妥协的现实主义姿态，何况您至少在2004年的时候写过一篇《时间之河》（"The River of Time"），充满温情地回顾了乌托邦主义（该文论及的詹明信2016年出版了题为"一个美国乌托邦"的长文，其中展现的理论能力和想象力令人震惊）。这些文本以这样或那样的方式，统统指向了一个问题：如何看待资本主义的未来。在今天，您会怎样描述这个未来？

安德森：这么说吧，我不会自称现实主义者（realist），因为这是在自吹自擂。成为现实主义者是我的目标，但这不是一回事儿；不能假定我已经做到了。至于你的问题，我想起詹明信曾经写过一句话（虽然他并没有直接这样宣称，但把这句话归在他名下是正当的）：如今，构想这个世界的终结，比构想资本主义的终结更容易。他这么写的时候是2003年，这话当时听起来千真万确。那问题是，今天，它还是真的吗？无疑，同十五或二十年前相比，对资本主义的半（semi-）主流批评要多得多。一个非常明显的例子是托马斯·皮克迪那本关于资本的大书的走红。那本书里充满了各种有趣的数据，但人们对它的赞誉确实过分了。皮克迪根本不反对资本主义，他是个温和的社会民主派，而且在我看来，还是不太实际的（realistic）那种。但他的书大获成功，表明政治空气正在起变化。更加意味深长的是，现在还出现了这样一批被广泛讨论的书，它们非但认为资本主义终有死期，而且会以某种十或十五年前想不到的方式死去。我想举三个最近的例子。有本书叫《后资本主义》（*Postcapitalism*），作者保罗·梅森（Paul Mason）是个英国记者：他是半个经济学家，半个活动家，还是现任英国工党领袖的顾问。《后资本主义》是本非常有意思的书，虽然并非全然条理分明，却试图兼顾历史与乌托邦。另一片可以让我们知秋的落叶是伊曼纽尔·沃勒斯坦、兰德尔·柯林斯（Randall Collins）、格奥吉·杰尔卢吉扬（Georgi Derluguian）和迈克尔·曼合写的书。它有个令人吃惊的标题，就叫《资本主义还有未来吗？》（*Does Capitalism Have a Future?*）。接下来的例子是德国社会学家沃尔夫冈·施特雷克（Wolfgang Streeck）的新书。施特雷克是当今欧洲最杰出的、正在运转中的批判性大脑，他的书有个类似的带着"铁证如山"气势的名字——仿佛关于这件事已经没有疑问了——《资本主义会如何终结？》（*How Will Capitalism End?*）。

这些书都在问：资本主义还能维持多久？一下子出现这么多这样的书，背后是什么在起作用呢？是三四种不同的关于资本主义未来的预测。有人说，资本主义正在证明，自己作为一种生产方式，与任何意义上的全球环境的可持续发展都格格不入。言下之意是，如果中国和印度发展出了像美国那样密集的汽车文化，如果中国和印度的人均汽车拥有量和美国一样，这个星球就会变得不适宜人类居住了。这是生态末日一派的论点。除此之外，还有另一种颇为不同的恐惧，即担心机器人和人工智能的快速发展会威胁中产阶级的存在。要知道，资本主义的政治稳定正有赖于中产阶级。福山的心头就萦绕着这样一种前景，但并非只有他一个人这么想。兰德尔·柯林斯这样一流的历史社会学家，也从一个不那么为资本主义着想的角度，预料到了同样的结局：中产阶级会逐渐丧失他们在服务业的稳定工作，这对于整个系统是致命一击。再然后，保罗·梅森提出了一个论点，认为资本主义内部长出的一种经济类型将资本主义置于根本的威胁之下。这种经济基于信息，而非生产：由于缺乏一种价格机制来调节如此之多的信息，它们便成了某种近乎免费的商品，从而使得对盈利能力和资本积累的一般计算变得不再可能。

最后，还有施特雷克的判断：资本主义对不断膨胀的债务流沙的依赖，注定会导致这个体系最终分崩解体。在施特雷克看来，资本主义差不多会像曾经的封建主义那样逐渐凋零，这是一个相当漫长和渐进的过程，人们几乎察觉不到。就像社会一度不断成长，最终抛弃了封建主义，诞下了资本主义——在任何人充分注意到资本主义，或能真正为它命名之前——社会最终也会把资本主义抛在身后，甚至不一定非要有任何非常强烈的反对资本主义的意识形态兴起。总之，今天有一个新的话语环境，那些十或十五年前不存在，或不被认真对待的观念，进入了公共领域（domain），甚至在主流媒体中有了一席之地。这是个新情况。人们开始好奇资本主义的结局（end）了。

当然，这并不等于我们已经有了一个替代性社会的形象了，我们尚不知道这个社会将是什么样子。在这一点上，人们可以瞄准的是各种乌托邦思潮——一个詹明信一直在维护的乌托邦思想传统。甚至，他认为所有的意识形态必然有其乌托邦的一面。我不赞成这个观念。但我坚决赞成他对如是在西方被广为接受的观点的拒绝：乌托邦总会构造出一个极权主义的噩梦。实际上，乌托邦思想代表了一个充满活力与创造力的智识传统，人们应当重视，而非诋毁它。并且它也不光是一个左翼遗产。在中国，你可以发现一些才智颇高的思想家同样赞成这一视野。拥有独到见解、精神昂扬的半自由主义思想家秦晖就是一个例子。他坚持认为乌托邦想象是一个重要的资源，应该被珍视，而非被摒弃。

关于资本主义的未来，我还有个一般的观点。有两句话我经常引用，它们的意义彼此关联。一句是查尔斯·奥尔森（Charles

Olson）的伟大诗篇《翠鸟》（*The Kingfishers*）著名的第一行："不变的，是求变的意志。"（What does not change is the will to change）这句话使用了悖论修辞，在英文里十分有力。另一句是让·鲍德里亚在 2001 年写下的名言。他说，普天之下，关于任何确定秩序的观念，都让人无法忍受（the idea of any definitive order is universally unendurable）。在这个世界上没有人乐意接受这样的事情：结构性的东西将永远不会改变。实际上，鲍德里亚的句子并非总是符合时宜的（not timeless）。我相信它对今天适用，对过去则不然。因为显然，一代又一代的中国文人认为，理想的社会秩序是永远不会变化的社会秩序。稳定是极其关键的价值。所以人们并不总认为那是无法忍受的。但如今，它已经变得不可忍受了。

一个直接关系到资本主义未来的问题是：何种能动的力量（agency）能够改变资本主义。您早年下过一个著名的判断，在英格兰，"软弱的（supine）资产阶级制造出了听话的（subordinate）无产阶级"。在您后来的研究当中，您一般首先聚焦的是"上层"（尤其是国家）而非"下层"（比如您同时代的一些英国新左知识分子关心的、广义的工人文化）。在最近的文章里，您一方面否定了拉克劳有关平民主义（populism）的理论建构，一方面也批评了阿瑞吉在晚期作品中把劳工边缘化。我想知道，您自己是怎么看今天的劳工或平民阶级的？您仍然会把他们视为社会根本转型的潜在动力（agents）吗？

安德森：对马克思来说，工业无产阶级之所以是一个替代性未来的担纲者，是因为它代表了集体劳动者，代表了社会财富的创造者，所以它能够开创马克思所谓的生产者的自由联合，即社会主义。但到了20世纪晚期，马克思所构想的经典的工人阶级已经被资本"包抄"（outflanked）了——用一个迈克尔·曼用过的术语——其时资本获得了近乎彻底的地域流动性。说穿了，就是工人在空间上是固定的，而资本如今可以四处游动，哪里成本最低、利润最高就去哪里。这导致了第一世界的富裕国家大规模去工业化，把生产外包给系统边缘的廉价劳动力区域。结果就是，全球的劳动力在极其负面的意义上被重组了。不是说工人阶级已经消失了，而是说在今天，它以一种前所未有的方式，被孤立（atomized）、锐气受挫、被分化了。这不仅仅只是一个西方的现象。

如果事实果真如此的话，那么还有什么替代性的力量能够促成集体性变革呢？我在1988年的时候第一次见到迈克尔·曼，我就《社会权力的来源》第一卷的一个关键概念问了他一个问题。这个概念就是他所谓"填隙式意外"（interstitial surprise）的观念：在一个社会系统（social system）中，似乎存在着一个围绕两极阶级对立，或类似的主要矛盾而构建的直接明了的结构。比如封建主义就存在一组基本的对抗关系：地主和农民彼此势不两立。但后来，并不是农民推翻了地主导致这个系统发生变化，而是在封建秩序的间隙中，出人意料地出现了商人，商人成为改变系统的力量。记得我当时对曼说："那么，迈克尔，下一个填隙式意外会是什么？"

今天有另一位头牌社会学家，瑞典思想家泰尔朋（Göran Therborn），可能比曼对当代世界更有想象力。他写过一篇非常重要的论说文，是2014年第一期《新左评论》的头条文章，题目叫"新大众？"（"New Masses？"）——注意是有问号的。当时巴西、土耳其、印度、希腊、西班牙等地爆发了新的抗议运动，我们为此发表了一系列的调查和讨论。泰尔朋的文章仿佛某种宣言，为这个系列制定了讨论的议程。他指出，工人阶级没有消失，但却被贬低、分化了，那还有没有别的重要的（major）集体性能动力量的来源能够改变这个世界？他的答案很微妙、很持平，但在文章最后，他抖出了一个包袱：最有可能改变当下全球秩序的社会力量是这个世界——南方与北方、东方与西方——新兴的中产阶级。如今，中产阶级是一个非常模糊、不确定的术语。我们该如何理解它的社会范围或政治潜能？

有一个生活在意大利的英国历史学家叫保罗·金斯伯格（Paul Ginsborg）。他在20世纪90年代的时候率先发展出了一种二分法。他说，在意大利，一个明显的趋势是，工人阶级被去势了（depotentiation），人数减少了（diminution），与此同时，意大利出现了一个中间阶层（strata），而我们可以把这个阶层分成两部分。他用了意大利术语 *ceti*，意思是层面（layers）、部分（sectors）。在他看来，存在他所谓的 *ceti rampanti* 和 *ceti riflessivi*。这里 *rampanti* 就是雅皮士（yuppies），受贪婪之心和利己主义驱动之人，迷恋消费主义，对他人的命运漠不关心——他们体现了"rampant"（猖獗的、无约束的）这个词最负面的意思。另一方面，收入和职业水平大致相同的这批人里，还有若干人对自己和周遭的社会怀有反思之心（reflective）。他认为，他们大体上是有公德心的专业人士或公职人员。这些人对自己和他人的处境都抱以批判的态度，就其批判他人而言，也不会以一种自私的方式，于是，他们可以在一个社会当中扮演重要的进步角色。我实际上对这些说法相当怀疑。作为朋友，我提出了质疑，我问他：你真的确信存在这样一种划分吗？也许可能存在一些具有反思性的中间力量（sectors），但是，相较于一个数量、影响都要大得多的雅皮士多数派，他们不就是很少的一些人吗？然而，在我们这次交流后不久，事实证明他是对的。意大利爆发了一场声势浩大的反对贝卢斯科尼统治的抗议运动：群众集会，占领广场，他自己——佛罗伦萨的一个历史学教授——更成了这些抗议活动的领导人之一。所以，他不仅准确预估了，还亲身体现了这个具有反思性的中间阶层的潜能。崔之元很可能会说，他们展现了他和罗伯托·昂格尔一直坚称的、小资产阶级积极的历史能动力量。

对此，我自己怎么看呢？我会说，我们需要有一个开放的心态，对这个问题不持任何教条武断的立场。意大利发生了一场如此令人印象深刻的运动——他们称之为 *girotondisti*——持续了两年，但之后就式微了，几乎什么都没留下。可能这种情形未必就是一般的规则，但我们也不该对这个群体完全不加批判，即便他们参与了一场如此进步的运动。在上海，我在王晓明的陪伴下度过了非常愉悦、兴味盎然的一天，当时我问他，什么是让中国变化的能动力量，他马上开始谈起了"五四"，接着就说到今天中国的智识界。我对他说，这是不是意味着，你认为真正的变化不会来自平民大众（popular masses），而是来自中国的中产阶级？他的回答和保罗·金斯伯格一模一样。他说，在这个群体当中存在会反思、有思想的人，他们具有真正的社会良知；这样的人遍及全国。

最后，你问到了厄内斯特·拉克劳和平民/民粹主义。我总是对拉克劳著作的理论基础持相当批评的态度。这是一个过度的话语构造，我已经试图去解释为什么它是错的。但与此同时，我又对以下事实表示敬意：拉克劳和他的合作者尚塔尔·墨菲很有先见之明，他们也许在宽泛的意义上，比保罗·金斯伯格更有先见之明。因为如果我们环顾今天的世界，平民/民粹主义是唯一的抗衡新自由主义的大众力量。《新左评论》里的另一个同志、才华横溢的非正统思想家马尔科姆·布尔（Malcolm Bull）在2005年写过一篇非常出色的论说文，题目叫"诸众的限度"（"The

Limits of Multitude"）。他在文章快结束的时候说，如果你去看今天的全球图景，新自由主义和民粹主义的对峙陷入了某种"死胡同"（impasse）或"僵局"（stalemate）：我们还没有超越的可能。我记得我对他说，是的，这很好地描述了今天的政治已经到了什么地步，除了一点：这个描述暗示这两股力量势均力敌。但事实不是如此。新自由主义攻城略地，处在支配地位，而民粹主义只是一种从属性的针对它的反叛；后者相较于前者，仍旧弱小得多。所以像"死胡同""僵局"这样的术语就多少会把人引入歧途，因为这两股力量是如此的不对等。这在今天依然如此。

但布尔的基本诊断是正确的。在今天的几乎所有地方——美国、西欧、南亚和东南亚，你都会发现声势浩大的民粹主义浪潮。它不是资本主义的对立面，也没有社会主义视野。但是，它是资本主义的新自由主义版本的对立面，并且，作为其特色——这是它与"有反思性的"中产阶级参与的运动的区别——它确实动员了很大一部分工人阶级。另外，它也可以采取一些相当激进的形式。

这种激进主义既有右翼的版本，也有左翼的版本。可以说，民粹主义在政治上两手都硬，搞两面派。在美国，右有茶党和特朗普主义，左有桑德斯的竞选攻势。在欧洲，法兰西有国民阵线，英格兰有英国独立党，意大利有北方联盟党：统统是右的。但也有左翼的变体：西班牙的我们可以党、爱尔兰的新芬党。有时候，左右混在了一起。意大利的五星运动既有右翼的一面，也有左翼的一面，到目前为止，左的一面占主导地位。这样的混合并不新鲜。阿根廷的庇隆主义是20世纪早期最著名的民粹主义的例子，拉克劳从这里获得了不少启发。庇隆主义在政治上极其模棱两可。它是右（rightist）的——甚至是半法西斯主义的运动，还是进步的——甚至是劳工主义的运动？关于这个问题，阿根廷人自己的意见仍没有统一。

在亚洲，你也能看到相同的模式。印度的平民党赢得了对德里的控制。它无疑是民粹主义的左翼变体。另一方面，泰国有一个明明白白的民粹主义的右翼版本，它的核心是腐败的亿万富翁他信——一个东南亚的贝卢斯科尼。然后还有菲律宾的杜特尔特。他是左还是右？和他信一样，他未经审判，就对任何据称有贩毒嫌疑的人下了屠杀令。但他不是亿万富翁，他有一个半左翼的背景，有重新分配财富的一面。菲律宾的建制派寡头对他深恶痛绝，不惜一切代价想要除掉他。

民粹主义就在这里。我们不该对它持完全消极否定的态度。它是一个开始。更好的东西可能会从这里长出来。记住一条不论对美国，还是对欧洲都适用的一般规则：当你在媒体上听到有人痛斥民粹主义，你要立即保持警惕了。因为不论这些主流媒体在痛斥些什么，民粹主义都是当前令他们感到棘手的东西，可能是他们当前最大的威胁。这就是现在的民粹主义：这意味着，总的来说，它不是样坏东西。

您没有提到您自己国家的科尔宾现象。您会把它归为哪一类？

安德森：民粹主义有一个几乎是普遍的特征——这也是拉克劳清楚地知道的：只有出现了一个具有超凡魅力的领袖，才会有声势浩大的民粹主义运动。这两样东西差不多是自动走到一起的。科尔宾是一个非常正派的人，但作为一名领袖，他身上没有超凡魅力。甚者，他诉诸的话语也不是民粹主义话语。民粹主义一向避免提阶级，它只谈人民，不谈阶级——阶级会导致分裂。但科尔宾谈阶级和具体的社会群体，人民则谈得比较少。实情是，科尔宾和其他人一样，对自己被推向工党领袖之位感到意外，而造成这个结果的，是某种针对信誉扫地、反动的工党建制派的平民反抗，这场反抗运动为工党迎来了近五十万的新党员。你可以把它描述成党内带有左翼色彩的内部平民化（populist）反抗。

不过，即便如此，2017年6月举行的大选却透露出英国社会一股非常强烈的情绪，这股情绪既让人联想到，又可能修改了拉克劳对民粹主义的理解。修改如下：与所有人的期望相悖，科尔宾在大众竞选中势头强劲，但这恰恰是因为他不具备媒体渲染的那种"超凡魅力"（charismatic）：他不是特别会演讲，不像年轻人那样朝气蓬勃，也不算长得格外好看，声音没有磁性。在英国——美国的桑德斯也是一样的情况——很多人，尤其是年轻人，已经对布莱尔或奥巴马这样空谈的脱口秀明星（celebrities）感到深恶痛绝，成为他们的绝对反面就变得很吸引人了。所以，出乎所有人的意料，科尔宾非但没有一败涂地，反倒差点儿带领他的政党赢得胜利。造成这一结果的另一个原因是，他在竞选时提出了三十多年来整个西方政坛所见最左的施政计划，彻底而激进地拒绝了新自由主义。这个计划的标题叫什么？"为大众，不为寡头"（For the Many, not the Few）。所以它被政治建制派斥为民粹主义，也就不足为奇了。

III：智识、欧洲、美国

您20世纪70年代讨论西方马克思主义学术传统的著作在1981年就被翻译成中文，由人民出版社出版。后来，在2009年出版的《新的旧世界》里，您把既有的欧盟研究斥为"一个高度专门的（technical）文献的封闭宇宙"。您如何评估现在的全球智识状况——不论是左翼还是非左翼？

安德森：如果笼统地讨论这个世界的智识图景，我想，最主要的一点是，它依然如此牢固地为西方所支配。此情此景，触目惊心。西方如今在经济上虽然远不如过去强势，但在智识上，全世界几乎所有的政治讨论范式仍旧唯西方马首是瞻（Occidental）。最近有本书，题目就叫《东方化》，作者吉迪恩·拉赫曼是《金融时报》的头牌政治专栏作家。这本书的主题是，曾经，世界的其他地方经历了西方化，但现在，人们将目睹一个反向的运动，即世界的东方化。作者这么说的意思是，与世界人口权力自西向东地转移一样显而易见的是，世界的经济、政治权力也东移了。这本书涵盖了日本、中国、印度、东南亚，属于新闻写作，固然带有这种文类的弱点，但十分有意思。在它的讨论中，西方当然还存在一线光明。拉赫曼最后说，诚然，在所有关于物质、硬件的事情上，权力的天平倾向了亚洲一方，但是，处在欧洲和美国的我们却还掌控着全球化的"软件"。所谓"软件"，他指的是国际机构和国际制度——国际货币基金组织、世界贸易组织、快捷支付系统、法律规约等等——这些东西在今天左右着国家与国家、公司与公司、国家与公司之间的经济、政治关系。他没有谈到的是，西方继续在智识世界处于支配地位，这里任何真正的、他所谓的东方化都尚未发生。

在当今智识世界，有两个现象愈发突出了。一方面，自第二次世界大战以来，智识生活以前所未有的程度集中在了学院里。可以肯定地说，今天，十个西方知识分子里有九个是在大学工作的，在其他地方，这个势头也越来越明显，而在1914年，或

1939年之前，情况完全不是这样的。当时，有大量的知识分子从事的是别的职业，他们在出版社、杂志社、大使馆、报社工作，甚至，就像那个时代若干最著名的诗人一样，一些人在银行或保险公司工作。如今，越来越多的人往学院里集中：这个趋势完全是灾难性的。习惯上，人们把这个趋势描述为"专业化"。这在实践中意味着两个发展。首先是研究焦点的极大收缩：为了在大学里获得并保有一个职位，人们被迫在一个受了限制的探索领域里做研究，因为大学关于聘用和晋升标准的定义越来越机械、笨拙。人们为了在事业上有所成就或长进，愈发不得不向这些标准屈服。对很多学科而言，在指定的专业期刊上发表文章，比出书——不管这本书的智识水准是如何的不凡——更重要。更普遍的是，发表的绝对数量——不论质量——变成了成功或通过的关键，由此导致了——尤其在自然科学当中——"最小可发表单位"这样一种奇怪的实践的出现。通过这种实践，一项特定的经验研究被故意分割成几小块，人们盘算着，如果这里的每一块研究都能够作为一篇单独的文章发表，那么研究者的量化"生产力"就提高了，从而他或她拥有更高头衔、更多收入的机会也就增加了。

更糟糕的是与之相伴的大学商业化现象。在全球新自由主义的统治下，那些经营着全世界大学的官僚的意识形态，逐渐沦为某种粗暴形式的市场原教旨主义。校园摇身一变，成了商业性质的企业：不光从学生那里攫取费用，把他们当作顾客对待，还贩售研究成果，从事房地产投机，创建校外公司，使利益最大化。英美的头牌大学已经被改造成了跨国公司，向海外任何可以的地方移植较低层次的分校——这么做纯粹只是为了牟利。最最糟糕的是，在英国，甚至德国这样的国家，现在大学期望教授花大量时间从公司或基金会筹款，根据他们能不能成功募到钱，教授被分为三六九等。显然，这种种行为导致的后果是，高等教育的目的，以及大学的性质遭到了彻底的败坏。如果蔡元培重返人间，看到他在一个世纪前赞不绝口的德国大学已经变成什么样子了，他一定会惊出一身冷汗——至于如果他重访自己曾经出掌的那所大学，会不会高兴到哪里去呢？我也深表怀疑。

这个智识图景还有另一个方面。出现了一个与大学平行的智识世界——如今，它几乎无处不在：它就是智库的智识世界。通常，在智库从事智识工作的条件要大大好于当代大学。教学不是必需的，工资多半要高一些，也没有浪费时间的同行评议程序等等。你只研究、思考、写作。你写的东西不是面向同行学者，而是给统治者，以及在某些情况下，给一般公众看的。这二者——统治者几乎没什么时间，也读不了复杂的东西，公众呢，同样不喜欢复杂化——都想要十分清楚、显著的结果。于是，你的智识生活是错层的（have a split level）。在我看来，这也是个大不幸。智库的智识分子常常会生产出非常有意思的作品，否认这点是不对的。像福山这样的人就是智库世界的典范产物。但无疑，一旦你的目标受众是政客和官僚，你就开始生产那些为统治者量身裁制的观念，福山对这个危险一清二楚，也正是这个危险刺激他退出了这个舞台。这里败坏人的不是钱，而是权。但不论是钱还是权，都让心智的独立——这是任何真实的智识生活的条件——不复存在。

所有这一切都影响了今天一般意义上的智识图景。那么左翼的情形怎么样呢？我在20世纪70年代写西方马克思主义的时候曾指出，1945年以后，欧洲发生了一项十分重大的变化。诞生于十月革命前的那个时代的经典马克思主义，来自这样一些人：他们既是思想家，同时也是政治领袖，是群众运动的带头人——比如考茨基、卢森堡、列宁、鲍尔、托洛茨基这样的人。在两次世界大战之间，欧洲的革命运动遭遇了一系列沉重的挫折，其时主要的马克思主义理论家——卢卡奇、科尔施、葛兰西——尽管最终流亡国外或锒铛入狱，尽管生产出的是一种不同类型的马克思主义，但仍然都是当时群众斗争的直接参与者和领导者。然而，在1945年后，当冷战横梗欧洲，欧洲就再也没有堪比过去的革命激变了，连失败的也没有，而当时的欧洲共产党，本质上说，都是和斯大林治下的苏共一个模子里刻出来的，它们对原创思想容许程度比较有限。在那个阶段，大多数马克思主义思想家第一次开始在大学里安营扎寨。他们生产出了体量惊人的智识作品，但这些作品不可避免地受制于其时马克思主义理论与各种类型的群众实践的隔阂，受制于智识生活与政治生活的结构性分离。这是我在 70 年代中期的判断。

然而四十年后，摆在我们面前的，是一个比四十年前已经形成的任何东西都要极端得多，且在许多方面糟糕得多的情形。因为时至今日，左翼智识地形的一个核心特征是，出现了一条巨大的代沟。在几乎所有的西方国家，包括拉美，存在着一个数量庞大、天资不凡的智识界，它是 20 世纪 60 年代以及 70 年代早期的产物。20 世纪的这十几年被学生和工人参与的群众暴动激进化了，当时的学生、工人反对在越南的帝国主义战争，反对低工资及工厂加速生产，反对大学令人窒息的威权结构，反对过去保守的道德准则。尽管除了这里的第一条和最后一条，当时的斗争都没有以鲜明的胜利而告结束的，但是它们却导致了智识上的变异。每当有群众运动发生，各种不同的禀性（temperaments）和才能（talents）都会自然地汇入其中：这里有各式各样、形形色色的人，有不同的天赋和能力。由此，一系列不同类型的思想家被生产了出来，正是他们为 60 年代以后的左翼文化建构了许多新颖的东西。上溯到 20 世纪三四十年代，当时的人民阵线也生产出了类似的一代思想家，其中就包括英国的马克思主义者霍布斯鲍姆和汤普森。

20 世纪 60 年代那种创造性的动荡状态，在西方大致持续到 70 年代中叶。在 1977 年或 1978 年前后，出现了一个断裂。自此之后，差不多四十年的时间里，没有发生任何形式的、堪比60年代的群众运动——和60年代有那么一丁点儿相像的都没有。这是一段漫长的时光。四十年隔了两代人。不是说在这段时间里没有重要的左翼思想家出现，而是这些人都是典型的孤立的个体，自顾自地耕耘、生产思想——常常处在相当寂寞的智识状况，以及岌岌可危的经济状况之中。他们之间形成的群集，远不及他们60年代的前辈那么密不可分。

不过现在，自20世纪70年代以来，第一次在西方——不光在西方，因为当前的抗议运动已经席卷世界各地——年轻的一代正在经历某种与"六〇一代"相同的东西。当然也不是完全一样，因为你们还没有一场全面的街头运动（explosion）——这是我们在1968年亲历的。但从西雅图反世贸游行和"占领华尔街"以来，许多事件都在往那个方向发展。这应该会给予左翼文化以滋润，使其重新盈满——只要你们这一代生产出属于你们自己的原创思想家和思想。而这，已经开始发生：你从那么多生机勃勃的新兴左翼刊物，雨后春笋般地在美国涌现，便可见一斑。

但毕竟，在上一次西方大规模的群众暴动与正在积聚的，但尚在萌芽状态的今天的骚动之间，隔了非常漫长的一段时期。这意味着，整整四十年，左翼智识传统的连续性几乎被完全打破了。我在2000年的时候评论过，对于今天的年轻人，像卢卡奇、葛兰西这样的名字已经变得遥不可及，而他们对我这个年纪的人来说就是家常便饭。如果你长在60年代，西方马克思主义的许多最杰出的大脑——萨特、阿多诺、阿尔都塞，甚至卢卡奇——仍旧在运转着（alive）、活跃着（active），你能够感受到他们即刻的在场，而站在他们身后的思想家则属于这样的时间或空间：在这里，革命理论和群众的革命实践相伴而生。这些思想家包括卢森堡、列宁、托洛茨基、葛兰西、毛泽东、格瓦拉。学生对这些人可能各有不同的看法，但没人会觉得他们是什么遥远的人物。他们近在你的眼前。可今天的情况已经完全不是这样了。

令这个困境雪上加霜的，是21世纪文化的另一个暧昧不清的特征：新新一代的生活基于屏幕，而非文本。所以基本上，阅读的习惯急剧萎缩。学生把大量的时间——经常是他们醒着的大部分时间花在网上，而阅读的时间却大大减少了。他们的注意力能够集中的时间很短。这是一个大难题。到目前为止，电子文化极大地扩充了我们可以获得的信息的范围，但却对从事持续深入的智识工作不太有利。这种情况可能会改变。在某些很难获得实体书的条件下，通过网络手段读书的能力是一种无价的资源。所以或许会有一套不同的、富有成效的阅读习惯和技艺出现。我们这一代有个法国思想家叫雷吉斯·德布雷，他在60年代同格瓦拉一道在拉美战斗过。德布雷写过一篇非常出色的文章，我觉得你们这一代的每个人都应该读一读。它处理的是印刷文化和革命政治、书报世界和社会主义世界之间亲密的历史关系。这是一篇精心之作（*tour de force*），是所有左派的必读篇目。

自《美国外交政策及其智囊》发表以来，世界政治形势（conjuncture）已然生变：比如土耳其发生了一场失败的政变，比如英国公投选择退出欧盟。您怎么看这两件事？尤其是英国退欧。《新的旧世界》没有把英国纳入其中，因为您说，"自撒切尔下台以来，它的历史就变得无足轻重了"。但我记得，早年《新左评论》不同于其他英国左派的一点便是，它对当时的欧洲一体化计划抱以同情。关于这个问题，您后来的想法有过变化吗？

安德森：土耳其发生的事情大致和我所预测并且担心会发生的一模一样：即在以下双方之间会有一次摊牌：一方是作为伊斯兰绝对统治者的埃尔多安，一方是传统上代表凯末尔主义的力量——作为凯末尔主义传统堡垒的武装部队。我在《新的旧世界》里详细地讨论了土耳其，部分原因是我的土耳其左翼朋友在埃尔多安及其政党掌权之际，对他们怀有极大的幻想，这点令我苦恼不已。他们一度是那么的乐观："这些凯末尔主义将军让我们吃尽了苦头（这当然是千真万确的），如今我们有了有现代头脑的穆斯林政府，他们会让我们的民主制度变得稳定，会带领我们去欧洲——这真是棒极了！"我不同意这样的想法。我从来就没有一丝一毫地信任过埃尔多安和正发党，而后来的事情也完全证明我是对的。这场失败的政变对这个国家而言是一次巨大的灾难，它允许埃尔多安荡平一切反对他统治的声音，帮他争取到了那些从来没有支持过他的人的支持，最终允许他建立某种冷酷的、事实上的专政。这有点像 1933 年德国的国会纵火案。人们说那是纳粹下的套，其实并不是。确实是一个荷兰疯子让那幢大楼火光冲天，但恰恰是这件事使希特勒能在几天之内建立起他的独裁统治。土耳其的政变同样如此——对埃尔多安是一件大礼，对这个国家则是一场大难。

至于英国退欧，你的回忆是对的：《新左评论》在 70 年代的时候认为，欧洲一体化虽然是一项资产阶级的事业，但却是一个进步主义的计划，左派反对它是不对的——这让《新左评论》在当时与众不同。我们出了一期著名的、由汤姆·奈恩（Tom Nairn）撰写的特刊，他表达了上述观点。如果你读我所写的关于欧盟诸起源的内容，可以看到我对欧盟创始者——尤其是核心人物让·莫内（他在两次世界大战之间曾在中国很活跃）的赞许之词。这些人都是资本家，这毋庸置疑，但他们是极不寻常的、有眼光的资本家。轻易打发他们是不对的。

这是 50 年代、60 年代，以及 70 年代早期的欧洲计划。然而，在 20 世纪 80 年代，这个计划经历了一场深刻的变异：欧盟完全沦为了弗里德里希·哈耶克在 30 年代所希望的那种新自由主义构造。哈耶克当时写道，需要有一个欧洲邦联（confederation），因为这个邦联并非基于国内的选民,而是凌驾于他们之上,不受他们约束,所以它就与要求公共开支、福利措施、市场干预的民主压力绝缘,换言之,在这个结构中,大众无法对正统的自由市场教义造成干扰。而这恰恰就是20世纪80年代以来发展出来的东西。第一次,欧洲一体化变成了非常激进的新自由主义动力机制的工具,完全违背了莫内的意图。到了90年代,欧盟候选成员国被告知,它们入欧的条件之一,就是要把自己国家的产业私有化,这在五六十年代是完全不可想象的。接下来还有一个荒唐的想法被写进成员国的宪法:任何超过3%的预算赤字都是非法的。即使在美国这个最自由市场至上的国度,只有一小撮极端的右翼分子会提出这种想法,而几乎每一个普通的保守主义者都会对它说不:你不可以把财政数字写进宪法啊。但在欧洲,默克尔治下的德国坚持要这么做,于是这条法案就被通过了。然后欧洲法院也变得愈发新自由主义,取消了一切类型的劳工保护规定。最后,当然就有了异常残忍的极端紧缩政策——布鲁塞尔、柏林和欧洲央行把它强加给希腊、葡萄牙等国。所以欧盟作为一个组织(structure)变得越来越反动,越来越公开地反民主,一次又一次地藐视全民公投,厚颜无耻地为欧洲大陆的政治、经济精英的利益服务。

目前,这已经激起了一系列的民变:这些民变既反对紧缩政策——单一货币是其象征,又反对移民增长。对移民的反感本身带有非常强烈的排外和种族主义特征。但是，它必须同时被理解为对各国政府和欧盟的反民主特征的反感，因为不论在哪个欧洲国家，最初都没有人去问过普通老百姓，他们欢不欢迎移民。在民主制度里，这样的问题是应该得到公开辩论的。如果要移民，要多少？移民应该由怎样的人组成？从来没有就这些问题展开辩论。于是，移民来了：背着当地居民，单单符合了需要廉价劳动力的资本的利益。历史地看，这才是难题的根源。今天，民众对移民的强烈抵制固然是极不友善的，但这也并非完全无法理解。真正该为此负责的，不是表达了偏见的大众，而是那些一手造成了这一处境的、冷漠的资本家。人们感到他们正在失去工作，他们的生活方式因为外国人的到来而备受威胁。这是一种横跨全欧的普遍反应。

那么英国呢？它和欧盟其他国家有什么不同？如果要解释英国为什么会退欧，就得考虑那些英国特有的因素。首先，这个国家拥有欧洲最漫长、最刚猛的新自由主义经验。撒切尔做了欧洲大陆其他国家的急先锋，所以，新自由主义在英国比其他国家开始得早得多，撒切尔也比同时代的欧洲统治者要激进得多。布莱尔和布朗继续沿着大体相同的路径走了下去，由此生产出来的——这在相当程度上有英国特色——是非常极端的区域两极分化。伦敦是个欣欣向荣的资本之都，是全球商业和投机交易所的枢纽，大量财富从这里喷涌而出。但这些财富基于的，却是金融和地产投机驱动的资产价格膨胀。与此同时，这个国家的北部遭到了根本的冷落，工业生产能力削弱了，整个区域被忽视，那里的人们过着极其惨淡的生活。这种两极对立是英国独有的，可以说在全欧洲，英国是地区间不平等程度最高的国家。其他国家也有社会两极分化，但都没有与达到极端程度的地区分化结合起来。

另外还有一个因素有助于解释英国为什么会退欧，即联合王国的民族认同具有十分独特的性质。大不列颠本身是个人造的产物，由四个不同的民族——英格兰、苏格兰、威尔士、北爱尔兰构成。所以，相较于其他大多数欧洲国家的民族认同，英国人对自己身份的认同，在许多方面并没有强烈多少；事实上，可以说，英国人的身份认同比法国人或波兰人的身份认同要弱。但这一认同与两个结构性事实有着深刻的关联。首先，这个国家曾经是世界历史上拥有最大的领土面积的帝国。许多人能够非常清晰地记得这一点，记得那个地球的四分之一属于不列颠的时代。其次，更加重要的是，它是唯一的——如果我们把几个中立国搁在一边——在 20 世纪两场世界大战中都获胜的欧洲国家。所有其他大国都战败过，被占领过，一片狼藉过。独独英国没有。这意味着在英国民众当中大致弥漫着这样一种态度：我们不必听命于外国人——既然我们没有在强大的柏林的统治面前屈服，又为什么要忍受布鲁塞尔那群可悲的官僚指手画脚？没这个必要。我们有自己的历史，并应该维持这样的历史。这种习惯性思维在民众意识当中根深蒂固。它就摆在那里。这是很要紧的一点。

正是这些因素的结合——一方面，在这个国家被遗弃的北部，人们对新自由主义怀有强烈的怨恨，另一方面，大多数英国人回应性地对帝国过去的独立自主感到骄傲——使得退欧一派在公投中意外获胜。客观地讲，这是一次令人惊愕的政治挫败，是整个英国的政治建制——伦敦市、银行家、金融公司、几乎所有的上层商人、所有有头有脸的媒体、整个智识界的政治挫败。我们在《伦敦书评》的朋友简直歇斯底里了。怎么可能发生这种事？这是一次真正的、令人警醒的民众反抗。新任首相特蕾莎·梅在演讲中说，我们见证了"一场无声的革命"——试想一下，在英格兰，谈革命！她的意思是，统治这个国家的人必须开始聆听那些被他们统治的人的声音，他们不能只是依然故我地原地踏步。于是，她开除了那些最显眼的新自由主义派阁僚。至于这会不会对这届政府的实际行为产生任何影响，则是另外一回事。但调子已经变了。还有没有其他变化会发生，仍有待观察。

不过，对英国退欧这件事做政治判断，不光要权衡它在英国的各种因和可能的果，还要权衡它对欧洲造成的影响，后者同样意义重大。在欧洲，断然拒绝作为新自由主义化身的欧盟的行动已然蔚为壮观。可以说，过去二十年间，在新自由主义秩序这个全球体系里，只存在一个区域性的薄弱环节：直到两三年前，这个薄弱环节是拉美。在拉美，一度有一系列国家——包括南美最大的两个国家巴西和阿根廷，还有玻利维亚、委内瑞拉、厄瓜多尔、乌拉圭——这些国家的政府不尊奉这一时期的单一主流思想（pensée unique），而选择执行其他类型的政策，尽管不是社会主义政策，但也与正统的新自由主义理论相龃龉。如今，这一切结束了。几乎所有这些国家的政治都右转了。但就在它们这么做的时候，人们在欧洲见证了一个反向运动。在那里——在希腊、西班牙、意大利、英国，爆发了最大规模的民众反抗；在那里，政府历经了最剧烈的失序。突然之间，欧洲已经成了新自由主义全球秩序中最薄弱的一环。你从以下事实中就能看出这点：这个新自由主义秩序的全部中坚力量都发觉情况危急，迫不及待地通过政治干预来阻止英国退欧。他们一个接一个地跳出来，就公投的事情在英国人民面前说三道四：奥巴马在一次国事访问中向英国投票者下达了他的指示；默克尔和奥朗德告诉英国人，离开欧洲，你们就大祸临头了；安倍晋三也在帮腔，配合着传递相同的信息。甚至，中国的一些人也说了同样的话。所有这些力量都在发怵，生怕欧洲有危险，会变成新自由主义体系中最薄弱的一环；他们的担心是对的。当然，欧洲也不会是一个特别薄弱的环节。新自由主义依然执掌着欧洲各地的政治大权；它的锁链仍旧牢不可破，固若金汤。但就目前来说，欧洲就是它易受攻击的罩门，英国退欧已经显示了这点。所以我们有理由不要过于灰心丧气。我在北京同你们的一位思想旗手汪晖有过交谈,他表达了一些忧虑。他说,现在到处看起来都很混乱。我提醒他别忘了毛泽东的话:"天下大乱,形势一片大好。"

在今年第一期《新左评论》上,您把巴拉克·奥巴马描绘成一个循规蹈矩的平庸之辈,认为他本质上只是"第一位名人总统"(celebrity President),为第二位名人总统唐纳德·特朗普上台铺平了道路。同时,您也含蓄地指出,鉴于"美利坚的伟大有赖于美利坚帝国",特朗普在谋求他所谓"让美国再次伟大"的时候,并不会放开手脚,为所欲为。从您的这些分析出发,我想问的是,美国总统的接力棒从奥巴马传到了特朗普,对美国在21世纪的霸权意味着什么?

安德森: 特朗普的总统竞选,事实上打破了美国政治建制派的诸多禁忌:他批评北约是个时代错误,攻击欧盟是沙子做的城堡,全盘否定世贸组织,指摘它扭曲了公平贸易,呼吁修复与俄罗斯的关系,谴责美国在中东的战争,攻击中国通过操纵货币破坏美国人的工作。显然,所有这一切就相当于在美国外交政策领域搞了一场革命。但一旦特朗普当选,他发现自己一来在白宫没有任何有经验的工作人员或干部,二来即使是对于他在国内政策上做出的许诺,也没有来自国会连贯而明确的支持,三来更不用说他就外交政策摆出的姿态了，直接就要面对来自大小官僚，以及民主共和两党排山倒海的敌意。所以不难预见——就像我之前预见的那样——华盛顿的安保复合体（security complex）会迅速迫使特朗普舍弃他的主张，回归到经营美帝国的套路上去。在特朗普上台后的短短几周之内，他便马不停蹄地谴责俄罗斯，称颂北约，对叙利亚发射导弹，在阿富汗扔下百万吨级炸弹，还威胁要进攻朝鲜。换句话说，特朗普继续走的是奥巴马和小布什的老路——或许相较于两位前总统，他仅仅是更加不按常理出牌，更加感情用事罢了。特朗普唯一可能会和前任们分道扬镳的领域是贸易政策。虽然他不再讨论中国操纵货币的话题了，但他还是可能想让中国在商业上做出一些让步，从而让他可以讨好国内的大众选民。这些选民对所有其他外交政策议题的关心加起来都不及他们对失业议题的关心。

显然，像特朗普这样一个情绪不稳定、职能错乱的（dysfunctional）统治者，对于美国霸权的有序运作是个不利因素。那么他的掌权执政有什么深长的意味呢？平心而论，时至今日，美国全球霸主的地位仍旧无法被任何其他势力，或势力的联合所撼动。确切地说，它的阿喀琉斯之踵在国内：长期的工资停滞、死亡率升高和文化失落，加上愈演愈烈的不平等——正是这些因素造成的巨大的社会不满，让特朗普得以违背所有精英的预期，入主白宫。在这个意义上，他的总统之位是一个症候，一个关于美利坚帝国的基础遭到主观侵蚀的症候。当年的越南战争不是输在海外，不是输在印度支那，而是输在了美国本土；其时，国内对战争的支持荡然无存。今天，如此戏剧性的一幕还没有发生。但是，透过种种潜在的迹象，一个堪比当年的动力机制（dynamic）已然隐约可见。

您在今年第三期的《新左评论》上对最近的法国大选做了全面、深入的分析。在您看来，马克龙的当选会打破法国自密特朗时代末期以来，延续了三十年的中左和中右政党轮流坐庄的结构。一旦这个结构被打破，马克龙这样一个没有选民包袱的"纯粹"居中派，便能毫无阻力地推进新自由主义改革了。不过尽管存在如是的消极前景，当您在这篇社论的结尾，从欧盟层面检视这一事件时，依然寄希望于法国人，希望他们有朝一日能重新振作，迫使德国接受让欧盟实现社会、经济民主化的方案。您的这一"希望"（如果我这个词没用错的话）是否与民粹主义在法国的兴起有关？因为不论"国民阵线"（FN）还是"不屈法国"（FI）在很大程度上都是属于法国工人阶级和年轻人的政党。此外，您关于法国大选的分析，是否符合您对欧洲是今天新自由主义秩序最薄弱环节的判断？

安德森：法国大选的结果与英国大选的结果截然相反。英国近四十年来一直处于欧洲最强势的新自由主义政权治下,而在法国,尽管每一届政府都试图促成新自由主义议案,但始终都存在顽强的阻力。现在突然两个国家的位置颠倒了过来:英国的选举让撒切尔的接班人遭受重挫,他们就算还没下台也是被极大地削弱了,而法国大选终于为大刀阔斧地(起码在国家制度层面)实施新自由主义政策扫清了道路。但就像你说的,当下的社会地形已不同往日。法国有两个政党,一右一左,诉诸强烈的民粹主义,反对新自由主义秩序。在第一轮大选中,它们一共获得了五分之二选民的支持。更加惊人的是,在最后一轮国民议会选举中,破天荒地有67%——超过三分之二的选民要么弃权,要么投了白票或废票:他们对马克龙就任总统或是无感,或是反感。这个数字在战后西方资本主义民主国家的历史上是前所未有的。所以法国大选的结果会"加强"欧盟的统治秩序的说法恐怕不堪一击。在这个意义上,如果同时考虑英国的结果,可以说,欧洲相对而言仍是新自由主义秩序最薄弱的环节。

出版后记

秉承"思想自由、兼容并包"的传统，本着"繁荣学术、培养人才"的宗旨，北京大学于2012年设立"大学堂"顶尖学者讲学计划，希望在全球范围内邀请各领域学术大师来校举办讲座、开设课程、合作研究等，以推动科学研究、人才培养的全面创新和发展。光华教育基金会向北大捐赠专项资金，资助和支持"大学堂"顶尖学者讲学计划。北京大学国际合作部负责计划的具体实施，接受提名和推荐，并组建学术委员会予以遴选和讨论，最终确定入选学者。

按照项目设计，受邀学者通过系列讲座这一主要形式，并辅以座谈会、研讨会、工作坊等其他学术交流活动，与来自北京大学内外的优秀中国学者展开交流。在运行与实施过程中，学校各院系踊跃申报，师生们积极参与，从各方面给予大力支持，共同支撑起这一北大的高端学术交流品牌。2016年北京大学人文社会科学研究院成立后，从学者推荐、学术组织、行政服务与支持方面，全力支持"大学堂"讲学计划，极大地便利了学术对话活动的开展。

"大学堂顶尖学者丛书"依托"大学堂"讲学计划受邀学者的讲座内容，立体地展现他们在北大的思想交锋过程。"大学堂"丛书的编辑出版工作，得到光华教育基金会的资助。作为光华教育基金会董事长，尹衍梁先生多年来关心和支持北大建设，包括"大学堂"讲学计划在内的诸多教育事业，从中受惠良多。在"大学堂"丛书推出之际，谨此表达对上述人士或单位的诚挚感谢。

北京大学国际合作部（北京大学港澳台办公室）

2017年7月